薇娅viya
19850907 观看 | 杭州

亲密度 521

薇娅

人生是用来改变的

薇娅 著

这是一场特殊的直播。

北京联合出版公司
Beijing United Publishing Co.,Ltd.

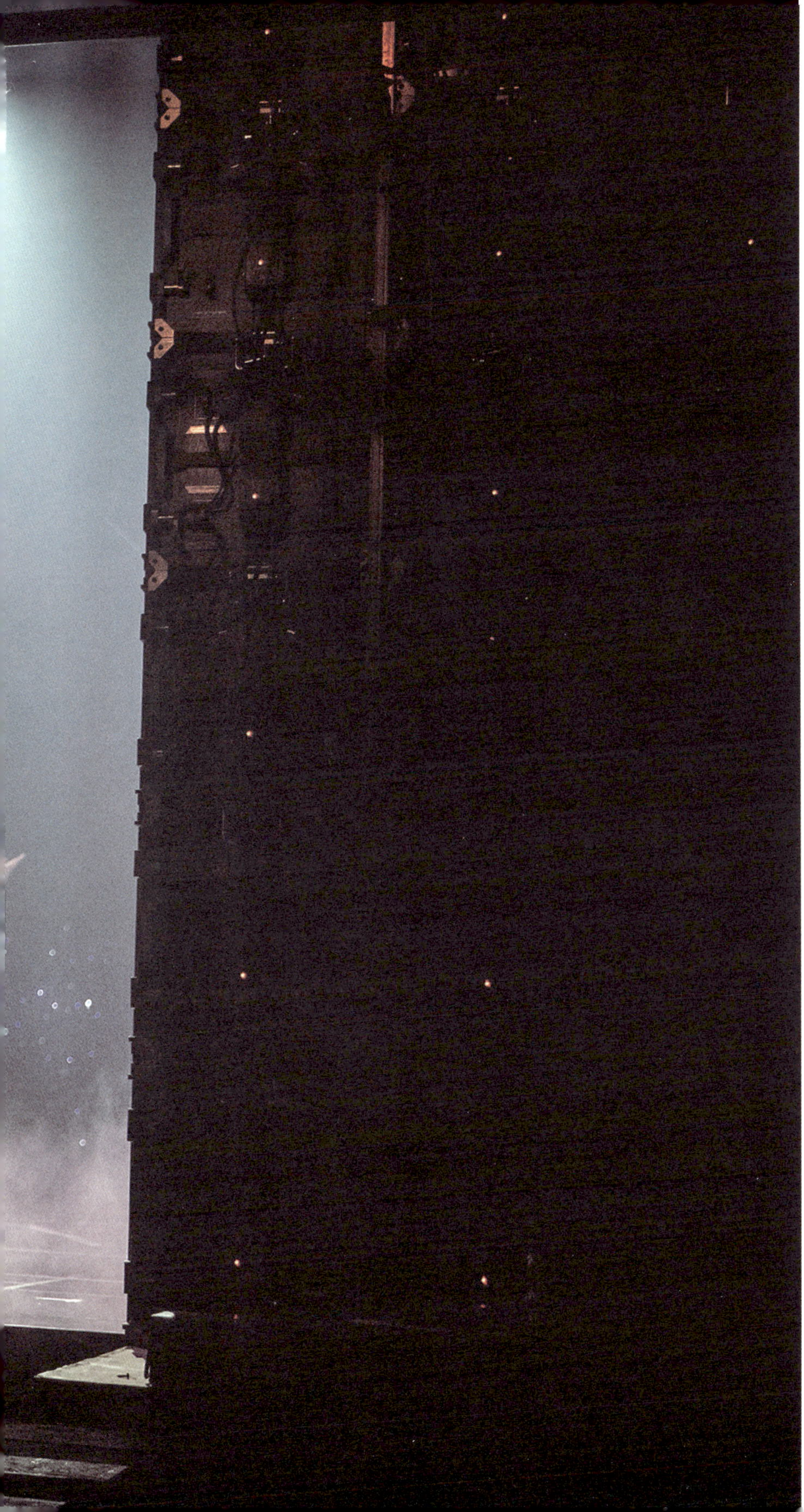

序

薇娅这本书的名字叫《薇娅：人生是用来改变的》。她是一个行动力超强的人，在很多年前，她就先把我的人生给改变了。

遇到薇娅之前，我是兼职给明星伴舞的大学生，每天想的事很简单，无非是什么东西酷，什么事情好玩儿。和薇娅在一起之后，很难不被她旺盛的生命力和进取心所影响。有一个词叫"知行合一"，我觉得薇娅把这个词诠释得特别好。她有什么想法，就马上去做，然后一直钻研，直到把它做好。她从最初做导购开始，就是这样去对待或大或小的每一件事的。

后来，我和薇娅一起开了服装店。当时很不幸，赶上了"非典"，很多原有的服装店都倒闭了。虽然我之前从没有做生意的经验，但是我觉得只要我们一起努力，只要方向是对的，就没什么是做不好的。

结果，一开店就一发而不可收，我发现自己其实非常喜欢做生意，做生意让我俩明白了，人生中没有一劳永逸的安定，把危机当作机会，把改变刻在心中，才能真正地拥抱未来。

序

我们不惧怕自己想做的任何事,后来薇娅与唱片公司签约,我关店当她的经纪人。再后来我们一起在西安创业,去广州开淘宝店,到现在做直播……我们一起度过十几年,薇娅是我最好的合作伙伴,更是我的妻子,也是我要保护的人。

其实,每一次重新创业的时候,我都希望自己能出的力、能替她做的事可以更多一些,让她能够轻松一些,在工作上不要有那么大的压力。但每次做生意也好,做其他事也好,薇娅都会冲在前线,她从来都不惜力。

这么多年来,我大男子主义的性格也改变了很多。有一次在公司,我和薇娅在电梯里,公司员工进电梯见到薇娅立马叫她"薇娅姐",然后看了我一眼,没说话。我问他们:"你们俩是新来的吗?"

他们说:"不是啊,我们去年9月就来了。"

我问:"那你们知道我是谁吗?"

他们说:"知道呀,你是海锋哥呀。"

可见，在公司大家不忌惮海锋哥，但都很重视薇娅姐，因为大家对她的努力有目共睹。

读这本书的时候，脑海里仿佛在放电影，一帧一帧播放着我们相识相知、共同打拼的画面。再次回到公司，我的心境有了微妙的变化：之前总是习惯性地一头扎进公司，开始解决堆积的问题；而今天，我进门前驻足了一会儿，看着公司所在的写字楼，心想：我们就是这样一路走来，经过起起伏伏，到现在有了这么多小伙伴和我们一起在直播生态中日复一日地奋斗着。

我想，薇娅和我都像跑马拉松的人，无论风和日丽还是狂风骤雨，无论阔步向前还是跌跌撞撞……

我们只有一个信念：不要停下，向前跑。

海　锋

2020 年 11 月于杭州

Hello 大家好，我是薇娅。
废话不多说，倒计时准备：
5、4、3、2、1，上链接！

目 录

1号链接　成　长

我的外婆　　　　　　　　　　　2
从小不会哭的孩子　　　　　　　6
青春期的空白　　　　　　　　　9
一个人的路途　　　　　　　　　14

2号链接　北　京

北京最不缺野心勃勃的年轻人　　18
我不怕累，只怕没有机会　　　　22
世界很大，有幸相遇　　　　　　26

3号链接　创　业

想开一家自己的店　　　　　　　32

目　录

实体店的门道　　35

永远和顾客站在一起　　39

从零售到批发　　41

管理是门技术活儿　　43

4 号链接

歌　手

在选秀中夺冠　　48

看不到希望的等待　　53

生命中的迷茫期　　56

选对赛道而不是盲目奔跑　　61

5 号链接

新阶段

改变是必经之路　　66

感谢好的竞争对手　　68

婚姻是自己的事儿　　71

第一次做妈妈　　77

从家庭到社会　　　　　　　　　　　　　82

6 号链接　　**转战线上**

创业永远在路上：进军淘宝　　　　　　88
不给自己留后路　　　　　　　　　　　　90
把危机变为机遇　　　　　　　　　　　　92
必要的试错　　　　　　　　　　　　　　95
制造爆款和品质为王　　　　　　　　　　99
如何让能力配得上流量　　　　　　　　102
我搬过 18 次家　　　　　　　　　　　　107

7 号链接　　**直　播**

泛娱乐的机会　　　　　　　　　　　　112
从 0 到 1：第一场直播　　　　　　　　114
从争排位到新品研发　　　　　　　　　117
淘宝第一次零食节　　　　　　　　　　120

目 录

淘宝第一次美丽节	123
淘宝第一次生活节	127
严　选	131
找到怦然心动的产品	133
成立谦寻	136

8号链接　是直播间，也是百货大楼

"万无一失"的直播	140
把直播间做成百货大楼	143
我是"哆啦薇娅"	146
和商家一起售后，为粉丝负责到底	149

9号链接　公　益

公益背后的逻辑	154
授人以渔是一种商业文明	157
我的公益观	164

10号链接　所有人的生活

30天素颜照，只为看得见的变化　　172
好的生活不需要太贵　　177
做一个美食捕手　　181

11号链接　团　队

"团魂"：找到有共同价值观的伙伴　　188
不设KPI：高潜力的人眼里会有光　　191
谁行谁上：有能力总会被看见　　196
有效沟通：我们不需要"委婉"　　198
那些扛住了的年轻人　　201
总有一刻要独自上阵　　205

12号链接　热　爱

一夜成名其实都在一千夜以后　　210

目 录

停不下来的直播 213
拥抱生活的多样性 218
谢谢你依赖我 221

13 号链接　薇娅的女人

我更希望孤独是个"名词" 228
跟顾客像家人一样相处 232
我们要为自己活 238

14 号链接　当女孩儿变成女人

母爱是一种牵绊 242
想陪你慢慢长大 245
致 18 岁的妮妮 248

致　谢 253

1号链接

成　长

我生于一个平凡的家庭。

与含着金汤匙出生的人相比，

我更相信奔跑中的汗水和眼泪，

相信只有拼搏才能看到更多风景，

相信隐藏在时间背后聚沙成塔的力量。

外婆让我明白，女人可以没有恐惧地活出生命本真的样子，

既乐天知命，又坚韧隐忍，把人生当作一场漫长的修行。

不要给人生设限，我们的人生，要自己选择，自己负责。

我的外婆

我跟着外婆长大。

外婆是一个雷厉风行的女性,到现在我还觉得自己的性格有一半是被她影响的。我的外公,在我妈6岁的时候去世了,外婆一个人把四个女儿拉扯大。她年轻的时候靠摆摊卖水果维持家庭生计。在那个年代,大家对做生意的女性还有些偏见,但外婆从不惧怕那些世俗眼光。在我的印象中,外婆几乎无所不能:我们住的老房子漏雨,外婆就捡来瓦片爬到屋顶去修;家里的大事小情都靠她操持;就连隔壁谁家吵架、婆媳关系不好,也是外婆出面说和……外婆70岁的时候依旧健步如飞,干活儿麻利,风风火火。

外婆经历过抗日战争,经历过啃树皮的年代,辛辛苦苦过了一辈子。年纪大了,依旧挤在年轻人旁边摆水果摊,遇见不平总是据理力争,到后来还有人佩服外婆的正直、敢怒敢言,服气地认她作干妈。

生活的无常、家庭的重担让外婆成为一个"遇事不怕事"的人，无论是家里人，还是周遭邻居，对她都是又敬又怕。外婆对自家人也很严格，哪怕是对我——她最疼爱的外孙女，该教育的时候也绝不手软。小时候，如果我见了熟人没有打招呼，她就会一巴掌拍到我后背上，呵斥我没礼貌。吃饭的时候，如果我弄出的响动大了，外婆的筷子会立刻敲到我头上，警告我吃饭要有规矩。

我三个姨妈的婚姻都是外婆一手包办的，我爸妈也是通过外婆介绍才相识的。有一次，我爸来外婆的摊上买水果，她见这小伙子长得周正，就主动问他有对象吗，我爸说还没有。外婆又问："你父母是做什么的？"我爸说："父亲是军人，已经不在了，在演习中牺牲了，母亲想不开，殉情了。"我外婆就说："那你来我家做女婿吧。"父母因此结合。后来，我的父母在我7岁的时候离婚了。

曾经，外婆和我妈两个人一起住。外婆每天摆摊到凌晨3点，回家的时候如果我妈没有起来给她开门，她就会发脾气，觉得我妈磨蹭，做事不利索。后来，我妈说她那段时间条件反射，每天凌晨3点都会醒来，起床去给外婆开门。

我们在外婆心中，是"只有她能打，但绝对不能让其他人欺负"的。我父母离婚后不久,我妈在摆摊做生意时,跟隔壁老板发生争执,对方说:"你看你一个离婚的女人,都没人要……"我妈一气之下跟对方扭打起来。隔壁邻居跑到家里来告诉外婆,外婆二话不说地冲过去保护自己的女儿。

外婆对那些自己认为不对的事情,从来就没有过畏惧,对生活里的不平事,一直都很敢抗争,但是她也有温柔的一面:外婆在家里最疼爱我,家务事都不让我做。我小时候赖床,闭着眼睛起来,只要把手和脚从被子里伸出来,外婆就会帮我穿好衣服,再把我整个儿拖起来。每天放学回到家,饭已经做好了。我最喜欢外婆做的煎包,小小的煎包里夹着满满的肉馅,咬一口,嘴角流油,那是能让我放学后跑着回家的动力。

到了夏天,我们在天井里铺一张藤席,我躺在外婆旁边,外婆拿着蒲扇给我扇风。夜里静悄悄的,扇子的风一下一下拂过,只要我的外婆在身边,夜再黑,我也不害怕。

我经常参加学校的各种演讲比赛、朗诵比赛,每次参加几乎都能拿第一名。每当我拿着奖杯回到家的时候,都能看见外婆闪着光的眼睛,那一刻我简直比站在台上领奖还要开心。

后来,我给自己取名叫"薇娅",就是因为小时候外婆总是叫我"阿薇呀,阿薇呀",我贪恋那一刻的幸福,也想把这份温暖延续下去。

而我和外婆唯一的一次不快,是因为一只兔子。

当时我家附近有很多猫猫狗狗,我每天的乐趣之一就是和这些猫猫狗狗玩一会儿。我也一直想要养一只属于自己的小宠物,但严格的外婆是不允许的,因为她觉得我没有能力照顾好小动物。

养宠物是童年时的我最大的愿望,直到一位亲戚送给我一只兔子,我的愿望才实现。我很喜欢那只兔子,每天抱抱兔子、摸摸兔子是我最期待的事。

但我没想到,有一天,我竟然会在饭桌上看见我的兔子。

那天家里来了客人,外婆为了招待他们,把兔子做成了菜肴。我才知道这种兔子本来就是饲养兔,很多人养它就是为了吃。

我无法接受我最心爱的兔子变成食物的事实,从那以后,我再也没有吃过一口兔子肉。兔子在餐桌上的那一幕一直停留在我的脑海里,直到现在我也时常自责,自己没有保护好那个小生命。小小的我在心里暗下决心,一定要在自己有能力后再去养宠物。

从小不会哭的孩子

从小,我就是一个缺乏安全感的人。虽然我可以在演讲比赛中拿到冠军,但在生活里,我根本不会表达自己的情感,也不会向大人提要求。

穿的鞋子小了,我会下意识地想,是不是我的问题导致的,我不敢主动告诉大人我的鞋子不合适,也从来没有大人告诉我要把自己的需求说出来。

被别人误会,我也很少解释,因为我一直都明白,人与人的想法是不同的,我只能做好自己。

父母离婚后,有很多大人问我有什么感受,觉得我可怜。但那时候我太小了,根本无法理解离婚是什么概念,也不会抱怨父母不能陪伴在身边。

我每天待在家里,很少会主动去找小朋友玩儿,也不知道其他家庭是如何生活的。我活在自己的世界里,觉得一切都是正常的,父母的决定是他们自己的事,我只要接受他们的安排就好。

只不过当时有很多家长会给孩子拍童年照片，而我却没有。我有时候很希望看看自己当时的样子，但毕竟父母不在身边，没有人给我拍照，所以我对自己小时候的印象也变得有点模糊。

我甚至来不及对很多变化产生细腻的感受。我生活的家庭时常处在非常忙碌的节奏中，这导致一到周末或者寒暑假，没事情做时，我心里就不踏实，觉得好像在虚度光阴。在外婆和妈妈的耳濡目染下，我觉得时间不能浪费，要做一个有用的人。有用究竟代表什么？我当时并没有很准确的理解，只是觉得有用代表着不能娇气，要把眼前的事做好。

在我六七岁的时候，有一次生病，家里大人都不在，我只好自己扶着墙去医院。打针的时候，旁边的叔叔阿姨对自己的小孩说："你看这个小姐姐自己来打针，她都能不哭。你好好学学。"

其实当时我本来是想哭的，被这么一表扬，就不敢哭了，觉得很不好意思。我想外婆肯定不愿看到我哭得鼻涕一把泪一把的，想到这里，我硬生生把眼泪憋了回去。打完针以后，自己又慢慢走回了家。

一直以来，不会哭让我得到了很多表扬，这似乎意味着坚强和勇敢。直到现在,我有了自己的女儿妮妮,当她因为一些事大哭,而大人想制止的时候,我反而会自我纠正——孩子可以用哭来表达她的内心,这样,等她的语言更丰富的时候,才会很自然地说出自己的感受。

不会哭,其实是我成长中的一点遗憾。

青春期的空白

初中开学那天，我因为报到有点晚了，坐在了倒数第一排的位置，整个班里只有我旁边还有一个空位，我以为自己成了没有同桌的人。后来，在老师发课本的时候，班上新来了一个女孩儿，坐在了我旁边，我才有了同桌。

这个女孩儿性格很内向，不喜欢跟人讲话。她每天课间都埋首看书，书里夹着一张照片。我很好奇，问这张照片里的人是谁，她说是她爸爸。后来我才知道，她遇到了家庭变故，爸爸不在了，妈妈身体状况极差，有时会意识模糊。她和奶奶一起住在姑姑家，几乎在没有爸爸妈妈陪伴的环境中长大，家里的生活也并不富裕，每次临近开学的时候，她家几个长辈就会为谁来负责她这学期的费用而吵架。她因此非常早熟，很会体贴别人，但却很少直接对别人表达自己的感受。

她比我们同年级的人大两岁，比我成熟很多，我们熟识之后，她对我特别好。她家住在东边，我家在西边，每天早上6点上学，5点她已经到我家来接我了。我家附近的巷子特别黑，每天放学她都先把我送回家，再自己回去。她对我的爱护，既像朋友，又像是一个亲人。如果班上有男生开我玩笑，拽我辫子，她会勇敢地站出来保护我……

孤单的人，总能轻易识别他人的孤单，我在初中的时候，常常用外表的冷漠来掩饰自己内心的不安全感，只有她源源不断地在为我输送力量，给了我一种完全被保护的感觉。

外婆知道她的经历之后，也对她很关照。每次她来接送我，外婆都会招待她一些好吃的。

但有一天，她忽然就疏远了我，不跟我玩儿了。

我当时百思不得其解，还很生气。我不是一个能够轻易敞开心扉和别人任性嬉闹的人，我把她当作最亲近的朋友，而她也对我说出过心底最深的秘密。到底我做错了什么，她会这么对我？我痛苦、伤心、愤怒。出于一种伤心之后的自我保护，我对自己说，她不主动来找我，我也绝不主动去找她。就这样，两个人一直这么僵着，保持着不远不近的距离。

也许这对于别人来说，只是小女生之间的斗气，不值得一提，但是接下来发生的事情，却改变了我整个青春期的底色。

有一天，她奶奶到我家来找我，说她出意外了，正在医院抢救。我着急忙慌就往外跑，半路上下起了雪，我的鞋突然就破了，我也顾不得冰水浸透鞋底的寒冷，一路不停地跑去医院。到了那儿，她整个人已经被一块白布盖起来了。

我当时完全是蒙的，冻木了的脸更是毫无知觉。我最好的朋友躺在冷藏箱里，再也不会活过来。几乎没有亲人来看她，她妈妈来了，但因为身体情况太差，也只是静静地看着，什么都没说。直到她被送上山埋葬，我才惊觉，从这一刻开始，这个人我将永远都见不到了，我的整个世界崩塌了。

她去世以后，我在大家的遗憾和惋惜中开始意识到，有些温暖，来得太迟了；有些善意，还没来得及表达，别人却永远收不到了。

她曾经在我们老家的照相馆拍了一张婚纱照。那张照片至今还保存在我安徽老家，我每次都不忍心看，但无意中瞥见就会发呆很久。她曾跟我说过，她最向往的是有一天可以穿上漂亮的婚纱和喜欢的人结婚，拥有一个幸福的家庭。我很难过，她再也无法实现这个愿望了。

后来我才懂得，她刻意疏远我，是因为她觉得自己的生活中有太多苦难，和我交朋友并不能给我带来快乐，所以，她又一次封闭了自己。长期在灰暗的生活中造成的不自信,如同一堵高高的墙,令所有人都走不进她的世界。

那个曾经无条件地对我好,守护过我的女孩儿,我还是没能保护她。

这件事发生后,余下的初中生活我再也没有交过任何朋友。这种空白是为了惩罚自己,也是因为我总是放不下那无法扭转的结局。很长一段时间,我天天问自己:为什么我没有多关心她一点?有了误会,为什么不去找她把话说开?

我对这份友情的珍惜,从来没有对她表达过。如果我告诉她,她对我的意义和陪伴是如此重要,故事的结局会不会不一样?我最不能接受自己在脆弱的时候,一直接受她的陪伴,而当她需要我时,我却没来得及为她做些什么。

她是我几乎不敢触碰的心底的伤痛。这份友谊让我很早就明白了,每个人总要经历一些遗憾才能长大。有的遗憾提醒我们要珍惜自己身边已经拥有的、看似微小的幸福;有的遗憾教我们要学会争取,在下一次机会到来时,能够鼓足勇气,把心里的话说出来。直到今天,我总觉得自己如果能够对身边人好一点,也算是对过往经历的一些告慰和补偿,因为,我们每一个人看似平常的生活，其实都是另外一些人梦寐以求的。

　　现在的我，时常还会想到生活在高度发达的城市中的我们，不该忘记还有一些人生活在自然环境严峻的山区。如果我们力所能及，不妨多表达一些善意与支持，让阳光不容易照到的地方也充满温暖和人情。希望每一个来到这个世界的孩子，都能更多地感受和明白，生活是需要人与人之间互相支撑的，生活因获取而存在，因付出而丰盈。

一个人的路途

我读高中时，一向身体硬朗的外婆被诊断出尿毒症。确诊前，她已经胸腔积水一段时间，每天都会腰疼，我时常给她捶腰缓解，我们都觉得不会有什么大问题，过几天就好了。结果去了医院，她被查出来尿毒症，我的第一反应是：误诊，不敢相信走路从不蹒跚的外婆，会得这么严重的病。后来，外婆去做透析，再次诊断之前，我因为演讲比赛发挥出色，得到一次学校组织的去青岛参加夏令营的机会。外婆若无其事地对我说，你别担心，难得有机会出去就好好玩儿。

去参加夏令营的那一天，是外婆送我去的车站。那也是我第一次离开安徽，没想到回来以后，外婆竟已卧床不起。

她身上插着氧气管，闭着眼睛，处于昏迷状态。很多个夜晚，我在病房里陪着她睡，希望她能醒过来，变回之前那个泼辣厉害的老太太，能在我吃饭的时候，再敲一下我的脑袋，厉声说"好好拿筷子"！

但外婆终究没有醒过来。我再也不能骗自己说她过几天就会好起来。

处理完后事，我回到家，推开门的那一刻，思念喷涌而出。我发现这个家里处处都是外婆的气息。厨房里，外婆在教我做饭，我却总是学不会；餐桌上，我和外婆正在吃刚刚做好的饺子；书桌上，外婆为我扇风的蒲扇还没有放回抽屉里；床边，外婆最喜欢穿的拖鞋还规规矩矩地摆在那里……

这个房子有我和外婆度过的无比幸福的时光，有我对外婆无尽的想念。

有外婆的地方才是家，而我心中的家已然不复存在了。

我不想一个人面对冷冰冰的房子，不想在这里睹物思人，我想起外婆常常对我说的，女孩子要有志气，要做一个有用的人。我不能让外婆看见我哭哭啼啼的样子，我想让她看见她的外孙女勇敢地选择自己的人生。

我离开了烙刻着对外婆的无限回忆与想念的安徽，天地之大，我只好一个人继续走下去了。

2 号链接

北 京

北京是我奋斗的第一站。

我最熟悉的是这里的凌晨,

坏路上的车川流不息,地铁里人流如潮,似这个城市跳动的脉搏。

这是让无数人仰望的城市,

有人在孤独中昼夜打拼,

有人在穿越黑暗后点亮未来。

今天的我,感谢过去的自己有一颗足够坚强的心,

在磨砺中一步也没有退后。

北京最不缺
野心勃勃的年轻人

我的性格受外婆的影响，非常倔强，不愿听从家里人的安排，我爸妈对我一直是放养式教育。我曾经在安徽过着简单安宁的日子，想着之后也许会在当地做一名老师。直到2001年，外婆去世了，我留在安徽生活的信念随之崩塌。

终于有一天，我拎着简简单单的行李，坐上了开往北京的火车。我当时已经下定决心，要去闯出一片属于自己的天地。

我爸跟我妈离婚后就去了北京做生意。他听说我要来北京，建议我去三伯家住。三伯家以前在安徽老家以种地卖菜为生，后来在北京经商非常成功，成了老家的首富。我准备去北京的时候，三伯已经在香山买了别墅，算是在北京站稳脚跟了。我爸觉得，三伯家住宿条件最好，我住在那儿是比较好的安排。

我爸当时并不知道我的决心有多大，怕我吃不了苦。因为我堂姐曾经来过北京，在动物园老天乐当导购，结果只上了一个星期的班，觉得太辛苦，就没有坚持下来。

虽然一直践行放养式教育，但我爸觉得我从安徽跑来北京，不应该只是随随便便在他店里做帮手混日子。他要我先想清楚到底对男装感兴趣还是对女装感兴趣，这是两个不同的方向，如果以后我终归要做女装，就应该直接去积累更多与女装相关的经验。

童年缺席的父亲在我来北京后与我有了更多机会见面和交流。他离家的时候，我还是一个踢毽子的小姑娘，而彼时，我觉得我爸已经把我当大人一样在沟通了。

当时老天乐是北京最大的服装批发市场。市场里人潮涌动，每天都有很多打扮精致的姑娘在档口穿版，展示店里的衣服。我每次路过都觉得新奇，想成为她们中的一员。一次偶然的机会，我认识了其中一个档口的老板娘，她问我要不要来上班，因为这样的一个契机，我开始起早贪黑地在老天乐做起了导购。

老天乐最不缺的就是野心勃勃的年轻人，当时也有这样一个传说，如果你能在北京老天乐待下去，那你绝对有两把刷子——那里环境恶劣，只有像大棚一样简陋的棚顶，完全挡不住酷暑和严寒，更可怕的是里面没有空调，每个档口卖的还都是下一个季节的服装。穿版是导购员的主要工作之一，所以我经常在过完年的北京穿着夏天的短袖和纱裙，而在七八月流火时节穿着风衣和厚大衣。

作为安徽人的我，初来北京已经很不适应这里的天气，穿版的工作更是雪上加霜，我几乎每天都在咳嗽、感冒，只能强撑着熬下去。

除了要常年穿着反季的服饰，我必须得每天凌晨3点半起床。三伯家在香山，距离我工作的老天乐需要一个多小时车程。老天乐6点就开始营业，我必须在那之前赶到。而当时最早的一班公交车是6点发车，我唯一的交通方式是4点多的一趟小公共。

从三伯家到小公共停靠点要走近20分钟，路上都是偏僻的小巷子。其实我很害怕，但寄宿在三伯家已经很麻烦他们了，从小要强的我不想叨扰他再接送我，所以我每天都一路跑着去停靠点，直到看见熙攘的人群，一颗悬着的心才落下来。

我起来的时候，窗外还黑灯瞎火，我窸窸窣窣地化好妆，去赶那趟小公共。当时我还容易晕车，小公共上挤满了人，我站着把一波波想吐的冲动生生忍下去。等到终于抵达老天乐，我强撑着走到工作的铺面，准备好上午的工作，天才刚开始泛起鱼肚白。

2号链接 / 北　京

　　有时候会想起，老家的冬天，外婆做好的早饭香气扑鼻，我在外婆的催促下闭着眼睛，慢悠悠从被子里伸出手脚让她帮我套上衣裤。可以偷懒的孩子都是被宠爱的，没有了心中的避风港，风雨都要自己扛了。

　　在老天乐当导购期间，我还经历过北京2002年的沙尘暴。好几次我觉得整个人都要被刮起来了，只能死死抓住商场门口的挡风帘，缓过来后继续前行，希望在强风之中，我可以赶上回三伯家的公交。

　　现在回想起这段经历，还是觉得十分艰苦。而当时之所以能坚持下来，完全是因为我有一个爱冒险的灵魂。老天乐竞争异常激烈，那里有太多跟我一样从家乡来北京打拼的年轻女孩儿，导购对我们而言不仅是一份工作，还是需要全力以赴的生存挑战——只有业绩足够好，才能在这个城市留下来。满街的高楼大厦，我们渺小得像一粒粒尘埃，竞争厮杀之中没有人会关注你的痛苦悲喜，而当时我只有一个念头：外婆已经不在了，安徽不再是我的退路，我必须留在北京，一路向前走。

我不怕累，
只怕没有机会

我外形条件还不错，穿版效果比较好，但是刚做导购的时候完全不会推销产品。所以最开始，我吸引到的顾客都是看见衣服穿在我身上效果不错才决定进货的。勤能补拙，我眼观六路、耳听八方地学习批发市场里那些能说会道的金牌导购是怎么推销的，默默记下来，从鹦鹉学舌开始，一步步摸索怎样去推销：每个款式的尺码、面料、版型、出货量……都要背得滚瓜烂熟。

除了掌握好基础知识，我意识到更重要的是学会挖掘衣服的差异性优势，这样才能说服进货的顾客拿自己家的货，不用攻击和提及竞争对手，就能提升顾客的留存率。

老天乐聚集了北京最厉害的档口，这里租金贵，竞争又激烈，每个档口都要使出它的看家本领，每天都要不断换新，还要有一手货源，想尽办法才能拉来新顾客、留住老顾客。每个档口都有三四个导购，有的单纯展示衣服，有的帮忙在里面拿货，也有综合能力比较强的金牌导购。你的形象越出挑，服装展示效果越好，越会推销，拿的工资就越高。

2号链接 / 北　京

　　我的第一份工作所接触的，完全不是格子间白领那种成熟的培训升职体系，而是一个靠自己摸索的野蛮生长的环境。

　　市场里每天人声鼎沸，推推搡搡是家常便饭，档口间争执打架也是常有的事。在这样一个混乱的环境里，我在工作时间必须保持高度紧张，首先要提防自己不被推倒挤倒，不被市场里来往的推车冲撞，同时要一刻不停地吆喝着推销自家衣服，不停地换衣服、试衣服，不放过任何一个潜在顾客。

　　时间就是金钱，我全程几乎没有时间坐下来休息，就连吃饭也要火速解决。

　　在老天乐，要留下来，身心都得绷紧。我当时就明白了，即使是穿版这份工作，要做到极致靠外形条件也是远远不够的，还要有真正的专业导购员的本领和耐力。

　　整个导购生涯，我一直在同一家店工作，记得最开始一个月的工资是1200元，后来逐渐涨到1800元。我当时拿到的工资不是最高的，但从来没有想过跳槽。我们档口的老板娘是从盘锦搬来北京的，是一个非常能干的女人，档口生意很红火。店铺包括我在内共有四个女孩儿，我们之间关系很好。老板娘住在动物园旁边，后来她顾念我们每天上下班通勤太不方便，还邀请我们四个人去她家里住。

我觉得人跟人之间是有感情的，当初认准了哪家档口，说明你跟它是投缘的，而且比起工资多一百还是少一百，我在服装行业的入门阶段能不能学到真东西，才是最重要的。当时我跟老板娘说，我就是一个学徒，愿意多去干活儿和尝试。我不仅尝试穿版和推销，还会学着分析爆款，思考什么是适合市场的东西，研究衣服的面料、工厂做衣服的流程……所有跟服装产业相关的知识，我都很好奇，会去问、去学。不断学习的意识，让我夯实了初入服装行业的基本功。

2001年到2002年，是我加速成长的时期。我很庆幸那时咬牙坚持了下来，由此积累了行业的入门知识，更重要的是磨炼出了吃苦耐劳的品质。现在我经常被问到"做直播累不累"，说心里话，跟那时候比，直播至少在心态上已经比当年从容了。

外婆去世后，我妈本来还待在老家卖防盗门，她看我执意跑到北京去闯，还是放心不下，于是把老家卖防盗门的店关了，在我工作的老天乐对面租了一个门面，开始做起服装零售生意。

档口老板娘知道后，跟我推心置腹地谈了一次，劝说我不要放弃档口的工作，我也直言自己不想走，但担心我妈一个人顾不过来，我得去帮忙。老板娘问我："那你愿不愿意上半天班，上午你在我这里，下午你可以去你妈店里帮忙？"我当时特别感动，想都没想就应承了下来。

老板娘心疼地说，这样你可能会很累。

导购需要从6点一直站到11点，到了11点，我上半场的工作结束，换下穿版的衣服就往我妈的服装店赶，一直忙到下午6点多关店，才算歇一口气。

高强度的工作，磨炼的不只是人的能力，还有心志。

我不怕累，只怕没有机会。

世界很大，
有幸相遇

海锋是我的丈夫，也是我的初恋，我们在 2003 年 1 月 10 日第一次相遇。

当时，我同事中新加入一个小姑娘。有一天她提议出去玩玩，平日里我们一直埋头工作，在北京也没有过像样的娱乐活动。这一次，我们几个女孩儿相约去首都体育馆滑冰。

我们在休息区闲聊的时候，海锋的一个朋友来找我要电话号码，他人很瘦小，戴着一条红色的围脖，昏暗的灯光下，我当时还以为是个在读书的"小朋友"。

我不想搭理他，扭头跟同事说："有点晚了，我们走吧。"

这时候海锋自己过来找我要号码。我婉拒说自己没有电话。

他没有介意，笑着说："你手里拿的不就是吗？"

我觉得这人还有点意思，就回他："我只说一次，你记好了，要是记不住就算了。"我很快地报了一遍电话号码，看他也没拿手机记，觉得他只是在跟我开个玩笑。

很长一段时间，什么都没发生，我已经完全忘了这件事。直到一天深夜，一个陌生电话打来，响了几下就挂掉了。我有点生气，第二天发了信息过去："你是谁，怎么三更半夜给人打电话？"

对方回："你忘了我是谁？没事，我本来也想不起来你是哪位，就拨了个电话。"

"那你到底是谁？"

对方只能松了口："我是那天找你要电话的人，可惜你早就忘了。"

"我记得你，因为我只给一个陌生人留过电话。"

通过短信，我们就这么有一搭没一搭地聊起天来。有时候聊到一些琐碎的小事，我发现他的三观很正，对他印象还不错，但一直也没有机会再见面。我的工作很忙，直到有一个朋友来北京游玩，我想尽尽地主之谊，也不知道去哪里比较好，就问了海锋，他很热心地帮我招待朋友，那是我们第二次见面，但彼此完全没有生疏的感觉。

后来我们每天发短信，彼此分享自己的工作和生活，随着见面慢慢多起来，两个人自然而然、心照不宣地走在了一起。

认识海锋的时候，我还在做导购的工作，当时穿版的都是女人味比较浓的款式，为了配合这些服装，我的妆都画得很浓，穿着打扮也比较成熟。熟了之后，海锋发现第一印象果然不靠谱，他说本来以为我是一个小鸟依人的小女人，没想到我心思单纯、性格火暴。

海锋与我的成长经历和性格都有很大的不同，我们又都是急性子，两个人在一起免不了争吵。我们吵架的时候，嗓门会变得特别大，有时候急了，还会摔手里的东西，周围的人会被吓到。好在我们都不记仇，前一天吵得再凶，第二天见面就忘了，跟昨天什么事都没发生过一样。到后来，我们两个逐渐磨合出一种更好的相处方式，在遇到问题的时候，尽量把自己的观点和立场说出来，哪怕是大声地喊出来，也不要陷入那种只一味发泄情绪，却不能真正讨论问题的争吵中。

我相信，每个人都有自己的棱角和个性，但只要努力探寻，一定会找到不伤害彼此的沟通方式。

海锋出生在一个传统的家庭，父亲是工程师，母亲是集团员工。我在老天乐做导购的时候，他还在念大学，当时跟着几个朋友一起跳街舞,刚好林依轮哥的伴舞团队有一个成员退出了,他就顶了空缺。在我眼里,他很阳光、很积极、很有亲和力,没想到我爸妈却反对我们交往。

海锋第一次见我爸妈的时候还留着一头当时非常时髦的长发,我爸妈见完,就毫不留情地跟我说:"太瘦了,打扮得跟小混混似的。"在我爸妈传统的认知里,男人靠跳舞是不能养家的,他们希望我找一个做生意的或者有稳定工作的男朋友。

可在我们相处的日子里,我实实在在感受到了海锋对我的真心,他是那种自己吃什么、穿什么都无所谓,总希望我能吃得好一些,穿得好一些,总想把更好的东西留给我的人,我很珍惜他。所以我并没有听从父母的意见,依旧遵从了内心的选择,坚定地与海锋走在了一起。

3 号链接

创 业

在创业这场"九死一生"的搏斗中,

我没有刻意训练商业逻辑和方法论,更多的是靠直觉驱动。

我的创业字典里,

从来不存在所谓的"话术""赚钱密码""征服顾客的技巧"。

从开店的第一天起,我就坚持着一条亘古不变的生意"原则":

永远和顾客站在一起。

想开一家自己的店

2003年,"非典"袭来。

北京的餐馆全关了,我当时租的房子没有厕所,洗澡的浴室要跟房东共用,自然也没有做饭的设施,再这么下去,我感觉生活会弹尽粮绝,所以决定先回趟老家。

我买了回安徽的火车票,这辈子没见过那么拥挤的景象,北京火车站人山人海,车门根本挤不进去,我不得不从窗户爬进沙丁鱼罐头般的车厢。从北京到安徽十多个小时的路程,座位上、地上,甚至厕所里都挤满了人,我和车里其他离开这座城市的乘客一样,在煎熬和不安中等待着时间一点点流逝。

再次回到老家,日子和北京比起来安逸许多,每天可以睡到自然醒,但我却有一种"惶惶不可终日"的感觉。就像小时候一样,只要空白的时间多了,自己就会非常想做一些什么来填补。我一直以来就不是一个把"享受生活"当作乐趣的人,似乎只有工作才能把我的激情真正点燃。

疫情开始好转,我盼望着尽快回到北京,继续闯荡。

当时的北京还在复苏阶段,很多服装批发市场、商店都关门了。我一个人走在空荡荡的街道上,心里非常焦虑,觉得不能这样无所事事下去，我一定可以做一点什么。思前想后，我打定主意：开一家自己的店！

我想有一家自己风格的店！这种渴望把我整个人的激情点燃了！

我本来就喜欢研究穿搭，也喜欢购物和买衣服。有一次，我把海锋穿不下的一条裤子拿来做搭配，没想到在我身上穿出了肥肥大大的效果。后来逛街的时候，我发现这种嘻哈风竟很"吸粉"，很多人主动跑过来打听，问我裤子是哪儿买的，怎么这么好看。

我已经做了两年导购，有了一些类似如今穿搭博主的审美意识，脑中逐渐建构起纵横交错的时装地图，我在心里种下一个愿望：让顾客走进我的店，穿上我推荐的衣服，走出去一定要比进来的时候更自信。我对这件事既热爱又"上瘾"，且坚信自己有能力做到这一点。

与海锋商量后，他也非常支持我的决定。他为了向我爸妈证明自己，也愿意为了我们的未来和我一起开店，共同奋斗。

没有太多犹豫，我们马上着手去寻找店面。在我的认知里，人难免有惰性，但人能成事的关键，就是行动力。想到就去做，才不会白白错失机会。

薇娅：人生是用来改变的

创业要避免好高骛远，
动手去做才能有所收获。

实体店的门道

当大多数店铺都还没有恢复营业时，平时熙熙攘攘的动物园服装批发市场（以下简称"动批"）就完全变成了另一种光景。我在天皓成看中了一个档口：那是一楼的一间仅六七平方米的档口。

这个档口虽小，但位置很好，疫情期间无人问津，又急于出租，正常行情六七千元的月租金愿意降到两千八百元，简直是天赐良机，我当场就把这个档口租了下来。这是我人生中第一家自己的服装店。

我们当时去进货的地方是老天乐，作为老天乐的老主顾，我知道，一楼主要售卖杭州货、广州货，二楼会卖一些外贸的尾单和男装。服装的色彩、款式、材质大不相同，考验的是发现爆款的眼光，我总能从堆积如山的货里捞出金子，所以常常会去二楼淘货。

开店以后，我们延续了之前"男装女穿"的灵感，把男装的最小尺寸买回来，用一点巧思好好搭配，看起来会有种痞帅的硬朗之气。

我的店风格很独特,一些即便乍一看起来很怪的衣服,在我的店里也成了爆款——因为来我店里的顾客基本都能够接受风格不那么大众的穿搭,她们追求的就是时髦和新潮,就是要有一些与众不同。我记得有一次和海锋争论,某件衣服的设计会不会有人欣赏,没想到吵着吵着,刚好有顾客进店,把那件衣服拎起来问:"这件挺好看的,多少钱啊?"我说了个合理的价格,居然当场就卖掉了。

我们把最小号男装作为女装售卖,正好顺应了当年的嘻哈风潮,那时候的新生代偶像,不管是孙燕姿还是 S.H.E,上通告时都爱叠穿小背心、小 T 恤,配松垮的裤子。我们服装店附近就是舞蹈学院和电影学院,在那儿上学的年轻姑娘常来逛街,当她们在清一色的淑女风当中看到我们这家店在卖杂志上的嘻哈风服装,都喜欢得不得了。

我想,做生意就是这样,要想把它做好,必须在同质化竞争中做出差异化。我做服装会不断揣摩,怎么突破品种单一、造型单一、色彩单一的局限,先探索后精钻,过程中不断调整,风格才能渐成。

服装的进货和陈列也有讲究。我很早就锁定了主要的目标人群——舞蹈学院和电影学院的女学生们。这些女生跟我的年龄和身材都差不多，所以采购我穿着效果好的衣服，这是最直观的演绎，这样的展示胜过千言万语。

刚开店资金有限，需要有成本意识，所以我们进货的时候，往往会精选出一款，作为主打，一口气进十几件；其他每款只进一两件，避免压库存。我把自己心中的爆款穿在身上，整体造型搭配好，作为主打，而同款也永远挂在店铺的显眼位置。

事实上，黄薇同款确实都成了爆款。这家小小的店在"非典"阴云还没有全部散去的时候开张，生意竟很快火爆起来。

第一家店铺能做成的原因，除了独特的选款，另一个重点就是选址。

因为在生意火爆后，我又在天皓成开了另一家店，却遭遇了滑铁卢。

这家店虽然位置很偏，但租金便宜，我当时认为自己有实力靠产品把顾客带过来，所以毫不犹豫就下手了。没想到这家店吸引不到客流，同样的选款、陈列，生意却非常惨淡。

所以说，做生意很需要务实的精神，也考验人对市场规律的领悟力。再多的想当然，都不如现实的反馈来得实际。商业模式是不是能复制，要看前期调研摸底做得到不到位，否则只会南辕北辙。这次失手，让我意识到客流量对生意的关键影响，两个月后我就果断关闭了这家偏僻的店铺。

从此，选择位置好、人流量大的店铺是我开店的必备标准之一。前期走了点弯路，恰好给了我一个优化和迭代的机会，让我积累起更多操盘的经验和教训。

永远和顾客站在一起

我开的店成为动批第一家不还价的服装店。

不管是我当年给别人卖服装,还是我和海锋作为顾客逛街,我们都非常不理解动批爱还价的不成文的规矩:经常标价一百块的衣服,上来就先砍一半,再慢慢还价,每次交易,都经过买家与卖家惨烈的心理博弈,有时候还要上演掉头离开的戏码——海锋买衣服的时候就经常对店家说:"我说一个价格,你能接受就卖,接受不了我就走,你也别叫我回头了,我也不想花时间跟你慢慢磨。"

等到我们自己开店了,都觉得这样来回探底的方式很难受,既然我们买衣服的时候最讨厌的就是讨价还价,那我们从开店第一天起,就不要浪费顾客的时间,所有衣服都给出一个实价,从不还价。

那时候的动批一带,经常有顾客和店家还价还到大吵了起来,也有即便店家同意顾客的报价,最后对方还是什么都没买就离开了的情况……我们省去了这些无效的沟通,生意反而越来越好,有些老顾客还跟我们成了朋友——这让我的同行非常疑惑。

有些顾客到了过节的时候，还会给我们送礼物。其中有一个在动批附近上班的女孩儿，隔三岔五来我们店逛，到后来她干脆提前两天告诉我们想要什么样的衣服，我们帮她找款，等她来的时候我们会帮她提前预留好车位，她一进店就把我为她找的款式高高兴兴买走了。后来我们越来越熟，她还邀请我们去她家做客。

其实，当我现在再看关于"买手"和"穿搭种草"的讨论时，最深的感触就是：我们两个没什么经验的人，开了一家六七平方米的小店，也曾是当年那些女孩的买手，为她们提供过穿搭灵感。营销手段也好，核心战略也好，这都是之后的归因和总结，而在多年前的那个时候，我们意识不到，也没有学过这些商业智慧，我们认定的，只有一个朴素的道理：

永远和顾客站在一起。

因为我也曾是顾客，所以会以同理心去做生意，然后尽力去满足顾客所需，摒弃他们所厌恶的。我们相信将心比心，他们一定能感同身受，所以建立互信，是一个需要靠行动慢慢感化的过程。

从零售到批发

我一直都有开批发店的想法,在零售店铺开了三个月之后,我们攒了十万块钱,有了点资本就得好好配置,我觉得开批发店的时机到了。

有一次,海锋去老天乐进货的时候看到有个档口在出租,当时老天乐的生意很火爆,没有什么档口可以租,唯一可以租的这一家门牌号是14014,租金相对便宜。很多人觉得"4"这个数字不吉利,但是我不太在乎这些,去看过档口后,当场拍板租了下来。

之前做零售的时候,我们都在批发市场进货,现在要开始做批发了,进货地就变得至关重要。

当时大家主要是从广州和杭州进货。我不放心让海锋一个人揣着大量现金去广州。海锋是浙江人,他在杭州还有一些同学和旧友可以帮帮忙,所以我们一致决定去杭州。

从零售变为批发之后,我们更辛苦了,开店时间从早上7点提前到了6点。海锋杭州和北京两地来回跑。可惜一来二去,我们赚到的钱跟零售时差不了多少。

经过复盘，我们发现，杭州的衣服都比较薄，而北京一到冬天需要特别厚的款，所以进的衣服卖不上价。我们开始盘算，既然进货这条路走不通，要不我们在北京找工厂，做些符合当地气温条件的衣服吧。从卖衣服到做衣服虽然比较跨界，但依旧还是在我们熟悉的领域里行事。

决定之后，我们立刻行动起来，最后在南四环大红门附近找到了一些小工厂合作。因为做批发需要每天上新，所以我们每晚都要赶一批服装出来。

其实所谓的工厂，不过是五六个人的小作坊，我们每天晚上都守在工厂附近等待工人出货。到了深夜，大红门附近的公共交通都停了，我们还得把货装上三轮车，靠人力蹬回家。次日凌晨3点半，我又得起床化妆、准备开店。就这样日复一日，那时候我已经是不能停下来的节奏了。

管理是门技术活儿

虽然每天非常辛苦,所幸我们的批发生意从自主产货后就步入了正轨,我们的衣服很受欢迎,经常被一抢而光。

我记得大红门的工厂门口有一家卖杭州小笼包的店。我和海锋在夜里等着工人出货的时候,会一人买一份小笼包,坐在店门口的台阶上,边吃边聊我们明天该做什么,后天该做什么。

有一次我们聊到,每天下午买完面料准备去大红门的时候都会遭遇堵车,夸张的时候要堵上好几个小时,如果自己选址开个工厂,情况会不会好一些?

那时候我们看到动批里很多发展得好的店铺都有自己的工厂,决定也试一试。我们在丰台租了一个地方,招了几个工人,开起了自己的小厂。

没想到,这是我创业遇到的第一个坑。

开工厂之前,我们的管理经验仅限于管管店里的导购,当工人的管理问题一个接一个不断朝我们扑来的时候,我们只能用

"傻眼"来形容。

首先，没想到工人的流动性极高——招来的人动不动就不干了：刚开始创业，难免工厂环境没有那么好，伙食也无法做到很好……其次，我们必须得考虑经营的成本，比如夏天到了，如何能保证工厂又凉快又省电？我们分头去找制冷效果最好的风扇，最后总算寻到一种吹起来带水的电扇。但即便如此，工人还是不够稳定。

我们向一个开工厂的朋友请教，他说自己也没有好办法。他刚经历了一件更头疼的事，他觉得工人们最近比较辛苦，于是请他们去饭店吃了一次海鲜，结果第二天工人走了一半——走的人觉得老板既然请他们吃海鲜，肯定是赚大钱了，但是却没有给他们涨工资，一合计大家就一起辞职了。

和工人们相处是要顾及他们的心理承受力的，发现了问题，也要尽量先稳定自己的情绪，如果语气重一些，工人心里承受不住就走了，低落的士气还会传染，有时甚至是成群结队地离开。

整个开工厂的过程可以用应接不暇来形容，我和海锋意识到我们完全不具备管理工人的能力。做事和管人完全是两套逻辑：

自己干的时候，只要做到专注和优秀，对自己负责就可以了；管人的时候，你就得关注人力成本，满足员工的期望，还得营造好的工作氛围。

有这样一句话："当你自身没有准备好的时候，即使机会向你迎面走来，也会与你擦肩而过。"后来，我们痛定思痛，解散了工厂，做回之前找代工厂轻加工的模式。就这样，我们的批发生意一直跌跌撞撞地持续到2005年。

4 号链接

歌 手

年轻人要允许自己试错。

做歌手的这段时间，让我有机会更深入地探索自我，

明白了自己到底是一个什么样的人。

对我来说，我不怕吃苦，

我怕无望的等待，更怕命运无法掌握在自己手中。

我不后悔走过的弯路，

实际上每一个挫折就像是包装得不完美的礼物。

那段时间，我学会了唱歌、跳舞、如何面对镜头，

也学会了放弃不适合自己的路。

在生活给我答案前，我有遵循内心选择的自由。

在选秀中夺冠

我4岁就开始学习跳舞,在学校里一直属于文艺积极分子,跳舞、唱歌、演讲……几乎每次比赛都会报名参加,而且都能拿到奖,最差的成绩也是二等奖。

离开安徽后,我本以为再没有机会登上这样的文艺舞台了。没想到人生中还有一段进入演艺圈的特别经历。

从零售到批发,那两年时间,我们的生意总体来说比较顺利,也攒下了一些钱。当时我妈说你们赚了点钱应该买房。但我和海锋二十几岁的时候,根本没有投资买房的概念,总觉得买房不是年轻人该想的事儿。

那段时间我们都在没日没夜地辛苦赚钱,没什么时间花钱,海锋说好不容易赚的辛苦钱,要买自己喜欢的东西。结果他做了一件现在想起来非常浮夸的事——他买了一辆二手跑车。

买了跑车之后,海锋和朋友之间的走动更方便了。其中一个之前和他一起跳舞的朋友进了一家新开的唱片公司,正在筹备签艺人。海锋就叫上我一起去见识见识。到了唱片公司之后,公司的老板见了我,提议说:"你整体条件挺好的,要不要进棚里唱个小样试一试?"

我觉得很新奇,就进棚里唱了几句。出来之后,唱片公司的几个工作人员都夸赞说,挺好的,要不要考虑签我们公司?

海锋跟我商议:"你想签吗?"

我当时不假思索:"签不签我没想好,但我还挺喜欢唱歌的。"

没想到这一句"我还挺喜欢唱歌的",让海锋彻底入戏,他心中的自己就是守护我梦想的男主角。

我们回去跟家人商量,我爸妈完全不同意,他们觉得我们生意做得好好的,干吗要跑去做这种不靠谱的事情。如果按照正常的轨迹发展,再做几年,我们就可以买车买房生小孩了。

海锋当时坚定地认为,爱一个人就要无条件支持她喜欢做的事情。他帮我说服我爸妈:"反正做服装生意,租个档口就可以干,机会多的是。黄薇喜欢唱歌,趁着年轻,可以去娱乐圈发展试试,如果不行我们再回来做生意。要是顺利的话,能让她梦想达成,也是一件好事。"

我爸妈算是相对比较开明的父母,他们听了海锋的话之后,只说让我们自己想清楚了再做决定。就这样,我在海锋的支持下开始转型。

我和其他练习生一样,参加了一系列声乐、舞蹈方面的培训。后来,我偶然在安徽的一次聚会上认识了安徽卫视的主持人刘刚,他说他们正在做一档选秀节目,有两个女孩儿临时有事无法参加,节目马上就要录制了,他们正在选人替补,他建议我说:"我觉得你挺合适的,要不你去试试吧。"我当时爽快地应承说:"好啊,去玩儿一下。"然后他们安排我和另一个女孩儿临时组了一个女子组合,就去参赛了。

虽然我嘴上说去玩儿一下,可录了第一期之后才知道是车轮战的淘汰模式——我仿佛进入了当年刚做导购时的那种激烈竞争环境中,好胜心一下子被激起来了。在被排练和录节目占满的半年时间里,面对压力和高强度的工作,我一轮一轮地坚持了下来,当时只求对自己问心无愧,没想到竟然杀入了决赛。我记得比赛时唱的第一首歌是王心凌的《爱你》,我和队友分别穿着红色和绿色的学生装跳舞。我们在后续的比赛中又唱了很多 S.H.E

的歌，最后拿到了冠军。

　　这个比赛是安徽电视台和环球唱片联合举办的，作为冠军，我顺利签约了环球唱片。

　　其实回想起来，进入娱乐圈是我人生中一个误打误撞的插曲。我看有报道说，当歌手是薇娅的梦想，其实这是个美丽的误会。我从小的梦想是当老师，因为从幼儿园开始，我一直能遇到特别照顾我的老师，我的幼儿园老师后来还成了我的嫂子。小时候我特别喜欢被老师关爱的感觉，觉得老师特别温柔，特别神圣。后来机缘巧合进入了服装行业，又机缘巧合进入了演艺圈。

　　当时比赛的时候，我没想过要拿第几名，以及名次意味着什么。是那种高强度竞争的环境唤醒了我的"应激反应"，我下意识地觉得我不能输：别人强，我也不能差，能坚持多久就要坚持多久。

　　拿了冠军之后，张杰和许慧欣还给我颁了奖。那一刻确实感觉有些不真实——那些曾经在电视里见到的歌手，竟然出现在了眼前，我好像要进入他们的世界了。

薇娅：人生是用来改变的

每一次改变都是礼物，
因为每一次改变都是发现自我的新机会。

看不到希望的等待

加入环球唱片公司之后,并没有如我预期的那样马上发片。按照公司的流程,我需要从艺人企宣开始做起,先了解做艺人的流程,明白出道后遇到突发的问题该如何处理。

当时每个媒体平台都有专门负责的企宣,我负责网络平台,也就是给搜狐、新浪等门户网站一家一家发公司的专辑通稿和艺人相关的宣传文案。有时候公司已经出道的歌手来北京做节目,我会去旁听,给他们打下手;有些歌手接了一些小的歌友会、演唱会,我去帮他们置办行头。在各种打杂的过程中,我也渐渐熟悉了歌手日常的工作内容和专辑从筹备到发布的流程,同时我也一直在练习声乐和舞蹈……但万事俱备,却迟迟看不到发片的苗头。

那段时间,我极度没有安全感。

表面上,我每天在高级写字楼里工作,经常能接触到明星,公司也会安排我训练，给我试镜的机会，但实际上我每天都在等待，等待下文，等待机会。即便我把手头的事情做得再完美，也并不能保证我就能早一点发片……我发现，整个节奏完全不受我掌控。

这不像之前在动批做服装生意，虽然灰头土脸、披星戴月，但是我付出的辛劳都能实实在在看到回报。

我觉得这样耗下去不是个办法。

一次偶然的机会，海锋的朋友认识了之前跳舞圈子里正在创业开唱片公司的一个老同行。他的公司准备推出一个三人组合，两个韩国女孩儿，再加上一个中国女孩儿。其中中国女孩儿离开了，公司正愁到哪里去找一个合适的人补位。海锋的朋友跟对方大致介绍了我的背景，对方听了几首我之前唱的歌，表示只要我愿意签约，就可以马上开始录专辑。

海锋对我说："你既然进了这个圈子，也不是说一定要出名，但是至少要专注本业去唱歌吧？如果你变成每天处理日常事务的员工了，那肯定不行。这个新公司可以马上发片，要不要去试一试？"

我理解环球唱片对新人的安排，但我更希望可以尽快发片。于是我退出了环球唱片，开始期待新的唱片公司能帮助我尽快实现站上舞台的愿望。

生命中的迷茫期

新唱片公司刚开始起步，人员短缺。公司高层也许是看到海锋对我非常支持，又有车能让我更方便出行，就建议他："你女朋友到我们公司了，要不然你就做她这个组合的经纪人吧，你待在她身边也有个照应。而且你做过生意，脑子也灵活，这个小公司大家一起出出力，以后公司经营好了，大家都沾光。"

我和海锋都属于直来直去的人，对方说的话也很实际，所以不疑有他。加上自从我进入演艺圈之后，我们的批发生意业绩落差很明显，海锋就关掉了我们在动批的档口，和我一起加入了这家公司，全心全意地支持我。我们谈了五年合约，出三张组合专辑、两张个人专辑。签约那天，我心想，终于看到发片的希望了。

在新公司，我和另外两位女孩儿开始了真正的女团训练生的日子，我每天最重要的任务就是练习唱歌、跳舞，提升自己的舞台实力。没想到终于熬到要出专辑的时候，两个韩国女孩儿却因为合约问题，被韩国公司强制要求回国，我的歌手事业再一次停摆。

我开始怀疑是不是老天不让我走这条路，每次刚刚看到一点希望，就跌入谷底，如此循环往复。

但既然进入了这个行业，没留下作品我是不甘心的。于是我开始转型，和另外两位制作人组成了一个嘻哈组合，我担任主唱。

我的歌手生涯这才逐渐走向正轨，我们开始出单曲，接商演，也开始接触综艺资源。那段时间对我的帮助其实很大，比如后来我做直播时不惧怕镜头，现在接受采访、上综艺也不会太紧张，都是那时候锻炼出来的。

歌手的目标在一点点实现，但现实问题更加残酷地摆在了我眼前。

组合出去演出一场可以挣几万块，公司分大头，组合三个成员分小头。海锋每天开车载着我们去工作，忙前忙后，也没什么进账。我们花着老本交房租和付油费，用之前攒下的积蓄去养我想要唱歌的愿望。

海锋又一次觉得这样下去不是办法，于是找到公司高层，跟他们开诚布公地沟通。海锋反复强调，情怀要有，但是情怀得落地，这样入不敷出，生活无法持续。但他与对方的沟通并不顺利，双方并没有达成共识。

事业的不顺，生活的琐事让我和海锋心烦气躁，开始不断地产生摩擦，爆发争吵。两个年轻气盛的人谁也无法冷静下来，越吵越烈。到后来，我们进入了漫长的冷战期，甚至到了偶尔发发短信，有事才见个面的状态。

海锋决心离开唱片公司，重操旧业做服装。离开之后，他发现这次和我一起选择进入演艺圈工作，不但没有获得收入，还让之前做生意赚来的钱成了沉没成本。后来，我知道他找到了一个之前在中央电视台做摄像的朋友，准备回到动批附近与这位朋友合伙开店。

三四年的交往，海锋和我的家人相处得很好，他还经常跟我家人吃饭。有一次他来我家做客，我表姐和表姐夫说起他们要去西安考察市场，就说服他一起过去看看。海锋去了之后，发现西安开店成本低，竞争比北京小很多，而且西安也有很多爱美的年轻人，确实很适合做服装生意。

他一合计，觉得这件事能成，就去和他的摄像朋友商量。

他的摄像朋友说："算命先生说我的财运在西边，动物园就在西二环那边。"

海锋接话："那你想不想再往西走走？"

"哪里啊？"

"西安。"

经过海锋一番说服，两人一起去了西安。

之前在北京我们偶尔还会见上一面，海锋离开北京以后，我才第一次感受到这个人不再是想见就能见到了，我们的关系也不再是当初那样紧密联结在一起了。

当时我觉得心里空落落的，也不禁怀疑自己眼前的工作——这一切都值得吗？

但我不允许自己半途而废，两年多来我从未偷懒，一直在练习声乐、练习舞蹈、跑商演、接综艺，积累经验。我舍不得过去付出的汗水、泪水，决定还是应该再坚持一下，得做出一点成绩才行。

薇娅：人生是用来改变的

现在的我不是歌手，
但我已找到自己的舞台，
也依然爱唱歌。

选对赛道而不是盲目奔跑

做歌手的日子让我渐渐有种不真实感,我在坚持和放弃中反复摇摆,辨不清前路。

这时,公司给我们组合发表专辑的决定让我坚定了继续下去的决心。于是我继续演出、录歌,全力以赴地准备我们组合的第一张专辑。

专辑出来之后,形势并没有好转,我对做歌手这件事越来越迷茫。

筹备专辑之前,公司高层说我们要花巨资打造专辑,要用超高预算拍一部音乐录影带。结果专辑拿到手一看,我之前提出的所有想法都没有实现,专辑的质量也没有达到我的预期。

我的不安感再次汹涌袭来,为什么会这样?我辛辛苦苦排练、录制做出来的专辑却无法达到自己的标准,难道之前认认真真商议好的方案,执行的时候可以全盘推翻?

继续待下去我无法把控自己,每个人做事都有各自的考虑,每个人都有自己的道理……我不撞南墙不回头的性格让我坚持到最后一刻，才彻底失望、死心。

原来并不是所有努力都会有回报。我冷静下来，思索自己要的到底是什么。我是继续这样无望地坚守下去，还是回去做生意？

正在我打算离开演艺圈的那段时间里，发生了汶川地震。当时西安也有震感，我看到新闻，立马联系海锋，结果电话怎么也打不通。

当时我就慌了，第一次意识到有可能会失去他，脑海中一片空白，只知道一直拨号码，四处找人联络他。

直到晚上，海锋那边信号终于恢复了，我悬着的心才安定下来。

那晚我们聊了很久。他提议，既然你在这个圈子里待得难受，跟咱们当初想象的也不一样，要不我们重新一起做生意，赚点钱，踏踏实实过日子？

我心里一暖，答应了他。

在2008年，我决定，回到原点。

4号链接 / 歌　手

没过多久，海锋来北京，把我接到了西安。

回看我在娱乐圈这几年，是我状态最不好的阶段。想努力，找不到努力的方向；每天早出晚归地工作，看不到成果。一开始我告诉自己，要给自己时间积累、沉淀，不能浅尝辄止、轻易放弃。但几年过去了，我的工作状态没有得到丝毫改善。我意识到：在这份工作中，有太多因素不受我控制，我一直处于被动状态，找不到突破的方法。而且这个行业并不是一条路拼到底就能做出成绩来，有太多勤奋努力、才能出众的同行勤勤恳恳却销声匿迹。这份工作或许真的不适合我，换一个行业，找回我的主动权，更好地发挥我的能力，我一刻也等不了了。

就这样，我离开了娱乐圈，断掉了与上一份工作的所有联系，去拥抱新的开始。其实现在想想，我很感激当时没有那么固执，在人生的岔路口选择了更适合自己的路。而让我最庆幸的是，这一路上海锋从未真的离开。

5 号链接

新 阶 段

我和海锋在西安选择从头再来。

我们不盲从,用死磕自己的办法留住顾客。

比做对事更重要的是:磨炼自己,让自己成为做对事的人。

与此同时,我从一个女孩儿成长为女人,也从女儿变成了妈妈。

第一次做妈妈,仿佛万事万物都是新的,

最大的希望就是我的孩子能平安、喜乐地长大。

改变是必经之路

在西安，我们找了一个商场电梯口的位置，把两家店铺打通，成为商场里最大、位置最好的一家服装店。我们要吸引最多的客流量，流量有了，生意才有可能好。

相较北京而言，西安是一个比较悠闲的城市。对于从北京演艺圈转战到西安服装市场的我来说，的确体会到了生活环境明显的变化：之前即使自己赚不到什么钱，但因为是艺人身份，每天的衣着装扮都得非常讲究，现在却可以穿着拖鞋去大街上吃泡馍。长达几年的紧绷状态放松了下来，我重新回到了普通人的生活。

我自认为是一个很坚持的人，歌手是我半途而废的事业，当聚光灯从我头顶消失后，我心中难免有些不甘和失落。我也曾在梦中再次登上舞台唱歌。但梦醒之后，看到守在我身边的海锋，看到我们红红火火的新事业，我的心又会平静下来。

毕竟，人就是要不断改变嘛，改变是我人生中的必经之路。每当我发现自己在犹豫的时候，就会想：

我想要什么？

我接下来要做什么？

我现在要做好什么？

然后我就能打起全部精神，应对改变，迎接下一个挑战。

同行不是冤家,
是可以一起把蛋糕做大的同路人。

感谢好的竞争对手

我们所在的商场里，每家店铺的工作节奏都很悠闲，衣服款式的更迭也没有北京的快，我当时就想，这或许是个好的契机，我要把我喜欢的风格带到西安。所以我们延续了北京的开店节奏，店铺上午批发，下午零售，这样的模式让顾客络绎不绝，每天过得跟打仗一样。

后来，商场里的商户开始参考我们的经营模式，再后来，我发现我们的装修仿佛被"复制粘贴"了，只好逼着自己再次升级。

我们走的是快时尚路线，每次批量上新上百款。进货、搭配、陈列都由我亲力亲为。哪款卖得好、哪款卖得不好，我都会默默总结。在下次上新前规避无效品，主打高效品。

也有同行跑来看我们卖的款式，以更便宜的价格售卖。这种事情防不胜防，我们没有精力也不擅长去追究、扯皮，我们坚持做自己：不去看别人的店，不去研究别人卖的款，不管别人卖多少钱，而是自己跟自己死磕：店铺如何升级，如何做出更好看的款……后来我们发现，只要把经营用心做好，就会不断累积回头客。也许顾客有一两次去别家买了更低价的,但因为品质和细节的不同,最后还是会回来我们的店里选择材质和性价比更好的款。

坚持让顾客以合理的价格买到满意的服装 —— 我们逐渐累积起在当地的口碑和知名度。

西安开店期间,我们从广州进货,慢慢认识了一些广州做服装的同行朋友。那时候我们发现广州很多本土的服装店都会开连锁店,步行街上就能看见好几家连锁店。我们一商量,决定把这个连锁的模式引进到西安,在西安陆续开了七家连锁店。

每次去广州进货,我们都特别珍惜跟同行朋友交流的机会,也会把自己觉得先进的模式不断引进到西安来。我在比较早的时候就引进了条形码,培训店员使用专业系统,提高了点货效率。

每次和同行坐在一起相互交流,都能让我想起上学时参加演讲比赛的时光。所有参赛选手在课余时间坐在一起,听老师讲演讲的技巧,偶尔有上台试讲的机会,同学们也会非常善意地给出自己的建议,下课后大家一起去吃吃东西,玩玩闹闹,就连比赛也是在互相鼓励的状态下完成的。也可以说,我们这些参赛选手,是在这样看似竞争的环境下精进了自己的演讲技巧。

开服装店也是如此,即便经历过一些竞争,我们还是能在优秀的同行身上看到大家被竞争所激发出来的不同智慧。同行不一定是冤家,如果一味放大不好的方面,忽略好的方面,那在这个行业中就必然备受煎熬。我们和西安的同行关系也不错,尤其对于讲道理、有想法的同行,大家互相带动,让整体的购物氛围更好了。

这也影响到我现在面对其他主播的态度,后来谦寻成立,我们也把已有的资源和经验拿出来和大家分享。这个想法其实很简单,就是希望其他同行也能做得很好,不要走薇娅曾经走过的弯路。我坚信良性的商业竞争对整个行业来说是好事,每个人都需要新的东西来激励自己,让自己变得更好,让整个行业变得更好。

婚姻是自己的事儿

事业的稳定，让我和海锋不约而同地讨论起结婚。

我小时候经常懵懂地想，未来的生活会是什么样子？我会嫁给一个什么样的人？会一直待在外婆身边，还是去遥远的地方？

外婆在世时很疼爱我，但很多时候，我会把少女的心事都自己藏着。外婆离开后，我开始北漂，在遇到海锋前，我都是独自一人。

遇到海锋后，两个人一路磕磕绊绊走来，幸运的是我俩没有走散。

每个女生在恋爱中都会犹疑：怎么知道眼前的这个人就是对的人呢？我也无数次问过自己。在这种不确定的探问中，我发现遵从内心的感觉最重要。在海锋面前，我可以完全松弛地做自己。我无须对他隐藏倔强、要强的一面。我曾听到过各种劝诫的声音，"女生还是应该温柔一点""事业心太重，生活肯定受影响"……在我无止境地加班的时候，有合作伙伴、工作拍档对我表示不理解，也有因此离开我的人。有一段时间，看着身边的人不断流动，我也开始怀疑自己，在反思中苦恼地问海锋："我是不是真的性格有问题？"

我永远不会忘记，海锋当时看着我，坚定地说："因为你一直在往前走，暂时跟不上你的人，只能陪你走一段，接下来的路，你就需要换另一批搭档。"

一路走来，海锋了解我，从未想过要改变我。我知道以我的性格，根本不是等待被救赎的公主，但海锋却在我心中建起一座坚实的城堡，城堡里守护的，是我最本真的那一面。

海锋就是对的人。

2011年，我和海锋谈恋爱快九年了，尤其是在事业也步入正轨后，身边有朋友好奇地问："为什么海锋家还不催你们结婚，他爸妈不着急吗？"

这种声音不应该成为两个人交往的背景音：两个人在一块儿谈恋爱本来什么都挺好，但往往周遭出现的一些声音会让一些女生陷入焦虑迷茫，其实我一度也很困惑，为何海锋家不着急提结婚的事？

这种负面情绪一直困扰着我，后来，我试图自己和自己对话：其实，我妈也没催促过。道理很简单，每一对父母对子女嫁娶的态度不一样，我们的父母都想要孩子自己决定自己的生活。

就这样，历经近九年的爱情长跑，我和海锋顺其自然地结婚了。

我从小就梦想着要给自己办一场此生难忘的婚礼，海锋和我在一起之后，也一直想给我这份最好的礼物。我们决定，以自己的想法出发，不让双方父母操心，也不拿长辈的钱，就用自己这些年的积蓄，办一场我们心中的理想婚礼。

海锋要给我家彩礼钱，我爸妈坚持拒绝。海锋当时特别轴，说别的新娘都有，我的新娘也不能缺。

就这样来回几轮拉锯，双方父母最后妥协，只给我们红包表示祝福，由着我们按自己的想法来。

2011年10月2日，在浙江，我俩在能力范围内办了一场彼此都很满意的婚礼。海锋说，我不想让你以后回忆起来，内心有遗憾。而且我们辛苦拼搏了这么多年，终于要结婚了，你值得拥有一个最好的婚礼。

在现场,海锋是情不自禁落泪的那一个,千言万语都被眼泪包裹起来,变成那一刻最温柔的礼物。平时一起看剧的时候,这个外表粗犷的男人也会泪湿眼眶。在我看来,这也是海锋真性情的一面。

回想起来,我们从恋爱到结婚,双方父母都给予了我们足够的尊重和空间。海锋也始终要把最好的一切给我,这些小心翼翼的爱和关怀,让我曾经失去的某一部分被填满,就像一个原本缺失一角的圆,在合适的时刻、合适的地方,在心意交汇后组成了完整的圆。

是否选择眼前这个人，
是否结婚是自己的事儿，
最重要的是遵从内心的选择。

倾听自己内心的声音，
你就会找到对的人和你在一起。

第一次做妈妈

在筹备婚礼期间,我的身体不太舒服,本以为是太劳累所致。没想到,在婚礼结束后的第二天,我发现自己怀孕了。

我和海锋本来计划好好打拼几年,再考虑要孩子,因为我是一个完美主义者,总想在万事俱备的时候,再去迎接新生命的到来。但当礼物真正来临的时候,我也会欣喜地面对。

没想到,欢喜和盼望的节奏,被医生说出的四个字暂停了:先兆流产。

我相信,任何一个第一次做妈妈的人听到这四个字的一瞬间,都会惊慌失措。该做些什么,才能对一个未出生的小生命负起责任?

我再也不淡定了,紧张地对自己的记忆展开搜索:是不是怀孕之前吃了什么药物,结婚当天晚上还喝了一些酒,为了婚礼,我还染了头发,做了美甲……种种不安的画面袭来,我内心不断地自责和愧疚。

我停掉了所有的工作，遵从医嘱，马上补充孕酮，开始卧床保胎[1]。当时的自己，完全没有停掉工作后的空虚感，反而静下心来，每天做足准备，迎接一个小生命的到来，在这种严苛的自我管理中，我觉得自己度过的每一天都很有意义——因为离危险又远了一步，孩子又平安了一天。我当时只有一个念头，要保护好我的孩子。

我终于等来了孕吐反应，这证明胚胎是有活力的，虽然远离了"先兆流产"的惊吓，但我也并没有放松下来，我的孕吐反应大到身体和意识不受支配，只能再次卧床。这一次的卧床让我忐忑纠结，有时候觉得自己的身体没保养好，特别对不起孩子；有时候又受不了那种无法抗拒的晕眩，在煎熬中什么也做不了。

有一次，我往楼下张望，看着看着，想跳下去的心都有了。每一天都像是漫长的战斗。到了孕四月，孕吐反应终于停止了。我鼓起勇气，出门吃了一次火锅。我以前经常吃火锅，怀孕之后停掉了这一爱好，憋了很久，好不容易吃到火锅的感觉像重回人间。

在这两次的波折中，我渐渐有了当妈妈的感觉，再也不那么拼了，即使进入相对稳定的孕中期，我也没有再去巡店和工作，那是我迄今为止第一次全然放下工作的阶段。整个孕期我都没有管店里的事,每天泡在各个母婴论坛里学习,认真谨慎地对待产检,既然有了孩子,就要努力让她健康平安地降临到这个世界。

我当时虽然没有什么娱乐活动,但也并不失落,因为在家里还有猫狗的陪伴。刚得知我怀孕的时候,家里人怕猫狗会导致我弓形虫感染,后来我在医院做完相关检查,加上听了医生这方面的科普之后,大家才放下心来。

待产那段时间,吃饭、休息、散步、逗逗家中的小动物,构成了我的全部生活内容。

就这样,慢慢地,我的体重从83斤长到了147斤。

临产前的一次产检,医院发现孩子脐带绕颈两周,好在医生说问题不大,不用太担心。但我到了孕晚期,耻骨又疼到连翻身都难,最终不得不决定剖宫产。

据说给我做剖宫产的医生非常厉害,他给妈妈们做的手术,肚子上都不会留疤。

万万没想到,留疤的事情都想到了,却没想到我对麻药不敏感。

进入产房之后,麻醉师在我的脊椎打麻药,第一针打下去的时候，我整个身体抽了一下，他说别动，这很危险，你后背已经流血了。我的后背很凉，那种感觉就像是整个背部都是血。第二针打完，过了一会儿，麻醉师来碰了一下我的皮肤，询问我有感觉吗？我咬着牙说有，他说那再等一下。之后他又试了一下，可我还是有感觉，麻醉师安慰我说，这是触感。我跟他讲，我真的有感觉。他说我能理解你，因为来剖宫产的很多妈妈怕自己疼，都会这样说。

于是我躺下来，产科医生第一刀划开肚皮的时候，我确实没有痛感，只感觉表皮是麻的，但他往下继续的时候，我就已经痛到濒临崩溃，喊道"不行不行"，然后开始大口喘气。

医生意识到麻药不够，说再加一针吧，注射之后，我眼前的一切，"啪"地就分裂了，一切事物都变成了两个，模糊的重影压迫着我，但我并没有感觉疼痛有所缓解[2]。

我只能硬生生地大口呼吸……当医生把女儿抱给我看的时候，我依旧清晰地感知到身体的疼痛，意识慢慢地不受自己控制。

后来我才知道，我被推出来时，全家都吓哭了，我整个人都是惨绿的。更可怕的是，海锋问，为什么生完孩子出来会是这样——我的肚子比我临盆前还大。因为我整个产程由于疼痛一直在大口呼吸,气全部积在肚子里了。

我女儿有七斤多重。剖宫产后,护士要给我按肚子。海锋哭着冲上去说,能不能轻一点,护士说我也想轻一点,但你太太肚子太大了,必须用力帮助子宫恢复以及排出宫腔积血。

一般剖宫产之后会给一个镇痛棒,我的镇痛棒在手上,手也全肿了。有人说剖宫产最疼的是翻身和拿掉镇痛棒的时候,但我很幸运地熬过了这两关,因为对麻药不敏感的我,在剖宫产时经受的疼已然超过这一切。

我住的医院床位特别紧张,第一天剖宫产结束,第二天就要忍着疼下地,第三天早上就一定要办出院手续,我坐着轮椅,在匆忙中住进了月子中心。

---

1 需要各位读者注意的是,每个人情况不一样,是否需要保胎还要听医生的建议,不要盲目用药。
2 后来,我才从医生的口中得知,我术中打麻药后疼痛的感觉可能是由宫缩引起的。

从家庭到社会

我女儿出生 20 天后，发生了细菌感染，开始发起烧来。海锋连夜跑去挂号，在儿童医院急诊科门口，凌晨 3 点多竟挤满了人，全是焦虑的爸妈。终于轮到女儿就诊，医生看她发烧，说要先物理降温，空调打开后，女儿的衣服被扒开，海锋看着小小的孩子光着身体，他自己忍不住颤抖了一下。那一刻，海锋深切地感受到了对孩子的那份心疼。

我在月子中心也如坐针毡，食不知味，没等到出月子，就实在受不了，焦虑地要去看看孩子。等我看到女儿的时候，发现她前面的头发因为要打针被剃掉了，小小的身子躺在床上，从刚生出来时的小胖墩变得特别消瘦。那一瞬间，我觉得孩子的健康比世间的一切都重要，我只想一直守护着她。

在哺乳期，我从之前搜索"瘦下来穿会好看"的衣服，变成搜索"变胖之后穿也好看"的推荐。我想等孩子大一点，再去考虑自己的事业。

我当时深刻体验到当妈妈的感觉——有个生命黏着你，就仿佛有一团小小的火，她虽然不在你身体里了，但你随时要看到她，抱一下她，感受那种温柔的情绪。

到女儿快四个月的时候，她的健康情况越来越好。有一天，我突然意识到，生孩子之前，开店做生意是我的活力来源，有了孩子之后，我还要不要重新规划事业？

我本能地舍不得女儿，还想多陪陪她，而且哪儿都不想去，离开一会儿就很着急，老想早点回去看到她。

那是很艰难的一场心理博弈。

不过，最终我还是认真地审视了自己——在家里，我带娃、做事都比不上家中的阿姨；而每次海锋回家说起店里的情况，我会不自觉地被吸引，想要给出想法和建议……内心告诉我，我还是想回到店里去，在我热爱的领域继续打拼。

我无法全天候陪着孩子，而女儿也会慢慢长大，会变得越来越独立。

反复权衡后，我重新回归了事业的轨道。

这是一个不断重塑内心的过程。我从最开始每天赶着回家，到突然有一天，心里有点失落，因为我发现女儿跟我没有那么亲了，她和新的陪伴者有了更多的默契。再到后来，她开始有了自己的想法，有了新伙伴，有了新兴趣……在成长过程中，我只能看着她的背影渐行渐远。

这段路，走得不会太轻松和惬意，我的方法是不断跟自己对话——问自己，我应该如何适应孩子慢慢变成一个独立的个体。

现在，妮妮，这个曾经无比依赖我的小孩，越来越有主见，每一天，她都有新的想法，有时候还会和我对着干。但我作为妈妈永远要学会理解和接纳这个不断成长的孩子。

5号链接 / 新阶段

和家人在一起的每一刻都值得格外珍惜。

6号链接

转 战 线 上

我们要抓住时代赋予我们的机会，主动改变，

所以没有给自己留退路，义无反顾地从线下转战线上。

我们相信：当一个人身后只有一堵墙的时候，

哪怕遇到挫折，他也不会退让半步。

如果没有流量，哪怕是金子，也没人能看到它发出的光。

同时，流量也不是越多越好，做任何事都要量力而行。

不要因为惧怕，而不敢开始。

也不要在没有准备好的时候，轻易开始。

商业的秘密，就在产品上。

一切的流量、玩法、营销手段都只是工具。

只有做好产品，才能走得更远。

创业永远在路上：
进军淘宝

我在 2008 年就开始网购。在西安刚开店那会儿，我经常一起床就匆匆忙忙赶去店里，晚上关了店门就回家，没有太多时间去超市采购和逛街。经常大半夜忽然想到要买什么东西，就在淘宝上搜搜。我那时候经常在淘宝上买一些发卡、配饰，用来搭配店里的服装。当时觉得动动手指，比去商店一家家找饰品方便太多了。

智能手机的到来让网购更加便捷。有一天，店里来了一位客人，她让我深刻感受到网购给我们的生意带来了威胁。

那是一个打扮入时的姑娘，她来店里试了快十件衣服。接待她的是我们店里业绩最好、店长级别的金牌售货员，那天我和海锋恰好也在店里，我心想，这架势，看来是一个大客户。

结果她试完一大圈，直接在店里拿出手机，开始在淘宝上找同款。我们见她输入几个关键词，找到类似的款之后，一边摇着她的手机一边对我们说："你们这些衣服网上都有，比你们卖的还便宜，我再看看吧。"她什么都没买，就这样空手走了。

这件事起初令我不太舒服，但它刺激了一下我的神经后，我还是迅速回归到和顾客站在一起的原则，今天顾客在我们店和网店之间，毫不犹豫地选择了网店，我们流失了一个顾客。明天在网店的冲击下，我们会不会流失十个、二十个，甚至一百个顾客呢？这个想法更刺激了我去开拓新市场的决心，于是我和海锋商量："要不我们干脆开个淘宝店吧！"

当时周围做服装生意的朋友也有尝试过开网店的，但还没有成功的案例，不过我坚信，网店一定是未来的趋势。

我们有之前做服装生意的经验，也拥有一些业内的资源。广州好几个开服装厂的朋友都愿意跟我们合作，等新衣服做出来，我可以当店铺模特拍效果图……衣服有了，模特有了，再招几个客服人员，我们的网店应该能延续我们在动批和西安的辉煌，做得风生水起吧！

不给自己留后路

我决心开网店。

聊到西安的店铺怎么安排时,我和海锋商量着,既然开网店要去广州,就把西安的店全关了,不给自己留后路。

当时家人很不理解——我们西安的店生意稳定,日子过得也很舒坦,现在又要从零基础开始折腾,到底图什么?

我们开线下连锁店,往往是我们把精力放在哪个店里,哪个店的业绩就突飞猛进,等我们聚焦到下一个店了,原来店的业绩就会回落。如果理性地去看我们的销售业绩,虽然一直在盈利,但是增速已经明显放缓了。这就是互联网带给我们的冲击,如果我们不抓住趋势往线上走,就有可能变成温水里的青蛙,到最后被时代所抛弃。

既然认定新的趋势已经到来,就应该牢牢抓住它。

不给自己留后路不是每个人都适用的行事法则,但对我而言,它却十分奏效。

因为不管做什么,我总是习惯于全神贯注,总是要把全部精力和思想都投入在一件事上才能安心,才会让自己相信可以做好。

西安的店一天不关,我们就无法全心投入即将在广州开展的新事业。西安成了我们的温柔乡,如果我们网店开展得不顺利,遭遇困境,是不是就会在心里打退堂鼓?如果给自己留好退路,一旦遇到困难,我们还会坚持到底吗?我很怕我遇到挫折会后悔。而且如果不能把精力聚焦在一件事情上,就无法把它做到极致,我们几乎可以预见,不关店,西安的生意会越来越差,广州的事业也会举步维艰。

我和海锋看着对方,我们都不再是二十出头的愣头青了。如果说之前的经历是尝试和体验,那我们现在已经成了家,有了小孩,应该要立业了。我们一拍即合,决定关掉西安所有的店铺,举家迁往广州,开始淘宝店创业之路。

把危机变为机遇

决定去广州开网店之后,我们找到在广州开服装厂的朋友合伙,邀请之前在杂志社工作的摄影师加盟,招了客服、售前、售后、包装……一个三十多人的团队组建完成,我们正式开始探索线上零售之旅。

从一开始,我就决定不拼低价,要做品质更好的服装。我们非常用心地做好了第一批衣服,拍了光影构图都无可挑剔的照片,信心满满地挂在店铺里。想着上新之后,这些款式肯定跟之前线下店的节奏一样,瞬间就被抢光。我们和客服一起守在电脑前,准备迎接即将蜂拥而至的线上订单。

但现实,狠狠地给了我们一巴掌。

整整一天,我从一开始的雀跃慢慢变得焦急,那天结束,我非常沮丧。因为我看到了后台销量,只有孤零零的一个6,而这个6还是之前线下店的老顾客支持的。

我想不通,为什么那些款式一般,面料一般,价格也不便宜的衣服还能月销几千单、上万单?

我们毫无头绪,衣服已经做出来了,结果乏人问津,还根本不知道力往哪里使。

我们开始四处请教周围做电商的朋友，在我们小区的业主QQ群求助，有热心的电商同行回复说："你有没有做推广？有没有推直通车？有没有开钻展？"

怎么做推广？什么叫直通车？怎么开钻展？

我和海锋立马把这位电商朋友约出来吃夜宵，那是我们第一次听到"战略性赔钱""低价引流、高价转换""关联销售"……我们发现是我们把淘宝想得太简单，以为自己有线下非常好的基础和经验，网店生意就能延续辉煌，但哪知线上流量和线下完全不是一回事。线上流量的玩法我们不懂，迫切需要一个专业的运营人员来操盘。

在找人的过程中，网店销量毫无起色，我们做出来的这一批货正慢慢过季，慢慢变成库存。

我们更加求贤若渴，加了各种电商群，四处托人引荐运营人才。后来通过朋友找到一个在青岛做运营的人，他正准备辞职，但老板还扣了两万块工资没发给他。海锋拍板说，这钱我们贴给你，我们都知道，好的人才是企业的核心竞争力。

薇娅:人生是用来改变的

遇到危机也不必慌张,
因为有时危机也是机遇的代名词。

必要的试错

运营到位后,我们开始打直通车,每次少则几千元,多则几万元。之前在线下没花过一分推广费的我在一旁看得心惊肉跳。所幸我们的衣服终于动起来了,一天能卖个几十单了。账算下来,发现果然是在"战略性赔钱"——一开始的销售额完全无法覆盖推广费用,我安慰自己这样好在能积累起线上客源,她们如果觉得质量好,就能变成回头客,形成新的增量。

运营提议,让我们每单包邮,我们一开始坚决不同意。因为之前开店,我们宁可衣服卖不出去,也不会赔钱卖。如果包邮,顾客收到货后不满意,衣服被退回来,一来一回的邮费就要赔20元钱,远超售卖的毛利。

面对我们的坚持,运营也不退让:"你们这是典型的线下思维,现在要转变思路。如果前端转化率做得不好,后面的自然流量就会受到影响。而且退货是小概率事件,衣服品质真的好的话,顾客是不会退货的。"

我们依旧不认可,围绕包邮的问题整整讨论了三个晚上,最后我们觉得电商运营我们不专业，尽管心里有很多疑虑，还是得听专业人士的意见。

那段时间，每天下班后我们就请运营来办公室喝茶聊天，不停地问关于电商、线上思维的问题。

网店的生意稍稍有了一点起色，运营提议我们试试低价策略，因为做付费推广，价格低转化率更高。我们心里明白，运营是想让店铺先冲量，但我们还是不想走拼低价的路线，相信肯定有人想穿品质好一点的服装，而不是一味地图便宜。

这时候，我们认识了另一个运营。在聊天的过程中，发现他对于网店的理念和我们很契合。他也认同只要找到并培育喜欢我们这种风格的人群，即使不拼低价，也能卖得很好。那时候，天猫刚开始做起来，入驻天猫有阿里的流量扶持。他说如果我们让他来操盘天猫店，那么他愿意加入。

就这样，我们迎来了新的运营，他对我的影响很深，教会了我如何转变思维模式。

在线下的时候，首先，我会确保每件衣服顾客买回去时都是质量完好的，如果顾客回来说有残损，我会考虑是不是人为因素，再去衡量要不要退货。而在线上,发生退货是难免的。其次,在线下我不会让利,坚持一口价,这也是我们多年开店的原则,而在线上,适当的优惠是促进销量的好办法。最后,我在线下的时候可能会出上百个新款,没准儿哪一款就卖爆了,但在线上这是不可能的,只能靠曝光率、转化率最高的一款去引流。

新的运营同事一直强调,如果你没有流量,衣服再好也没用。没有流量,再好的货无法触达顾客,哪怕你是金子,别人也看不见你发光。

这对我而言就是交学费的过程。在线下只要找到一个好的门面,就自带流量;在线上,即便花了钱,但投放策略失误,也不能实现引流。

在我们摸索线上思维模式时,服装厂的合伙人又出了问题。

他的服装厂原来主要生产广州十三行的档口货,在刚刚敲定合作时,我们已经达成了共识,我们网店的服装要走中高端路线,不拼低价。但没想到的是做出来的衣服经常达不到我们的标准,后来我们才慢慢知道,原来高品质的工厂做衣服的流程、人员的配备、生产设备等与低品质工厂天差地别。于是我们请合伙人去找高品质的工厂代工，可他完全不认同。

加上当时网店发展一波三折，合伙人眼见不赚钱，又把重心转移到了他原来的线下批发。我们的理念分歧也越来越大，我和海锋坚持的高品质，在他看来是走不通的，他坚持要做低端线，到后来他基本上都不来公司，不管业务上的事了。

这样的合作对双方都是消耗。海锋和我商量，建议让合伙人退出，把他赔的钱补给他。

海锋找对方摊牌，当时我们说好一年的时间把钱补齐，没想到才过三个月，他说自己的另一个投资项目出现亏损，如果我们不赶紧还钱，他老婆就要和他离婚。

当时我们自己也有负债，加上欠他的100万元，网店还需要持续投入……实在没有办法，我们卖掉了广州的一套房，用这笔钱扛了过去。

制造爆款和品质为王

2013年,我们没有参加淘宝双十一,但是当天卖出去30多万元,那是我第一次感受到电商的魅力。到了2014年双十一,销售额升至500万元,我抑制不住狂喜。

没想到,那一天卖出的爆款过了半个月,就开始出现源源不断的差评。

我们花了大量的心思研究选款、推广和制造爆款,没想到产品却没有让顾客满意。

这些差评基本都是抱怨质量问题:衣服穿了几周就开始起球。

过去开线下店,我们保证服装出厂品质没问题就行,现在我们发现售后也至关重要。有些面料在制版的时候看不出任何问题,它需要经过一段时间,才会出现诸如起球、勾丝之类的现象。

而通过网店,顾客能很快捷地把使用感受写在评价里。那段日子我一有时间就刷新评论,我慢慢发现,顾客的评论很有规律,当顾客认为一件衣服好,往往言简意赅,"好""非常好"就能代表一切。而当顾客不满意就会出现很多种说法。

"黑色牛仔裤一洗就掉色!"

"衣服尺码太大了,穿上跟孕妇一样!"

"包装盒竟然散架了,我买的可是白衣服。"

每一条负面评价都是对我的灵魂拷问,教会我更客观地去看待产品,更深度了解产品的缺陷是什么,我学到了线上开店的重要一课:品质为王。

一切流量玩法、营销手段都只是工具。任何商业回归到本质都是产品,只有用心做好产品,才能走得长远。

痛定思痛,从 2015 年开始,我把所有精力都用在了产品研发上。

我和团队总结每一条负面评价,思考为什么会出现这些问题,我们该如何解决。在评价里找到让产品升级的答案。

只要有丝毫改善的可能,我们就愿意去尝试,哪怕这个问题并非关键卡点,但如果不迭代就会把路越走越窄。

我们积极吸收行业的新鲜资讯,经常分析各种行业报告,研究各种行业趋势。在研发高品质产品的同时，我们意识到视觉呈现对电商的决定性影响。

很多爆款衣服，主图是制胜关键，一定得抓人眼球。电商经济在某种程度上是眼球经济，因为顾客无法触摸到实物，只能根据店家提供的图片和寥寥几句介绍来了解产品。于是我们不断在主图上下狠功夫，让消费者感知到产品的美学。

我们开始根据衣服的调性选择拍摄场地，夏天的连衣裙我们去三亚拍，冬天的大衣我们出国拍。往往一套衣服，可以根据廓形、光线、角度、场景切换拍出一百多张照片，拍完再修好图，传回公司，把所有成片拿出来在渠道里测试点击数，反复更换，最后选出一张最受欢迎的，再加大力度推广。

令我没想到的是，我赢了图片，却败在了产品上。

如何让能力配得上流量

到了 2015 年的双十一，我们主推的爆款卖出了 1000 多万元。那一天，团队都像打了鸡血一样，非常振奋。我跟家里人提起网店的销量，一家人都很开心，觉得这几年的辛苦经营终于要走上巅峰了。

当订单呼啸而来时，我们迅速和工厂确认了货期，为了方便打包，我特意租了隔壁的办公别墅作为仓库，整个公司四五十人轮番上阵熨衣服、刷毛、打包……跳动的销售额就是激发我们行动的原动力。

那时我们每天下午 3 点左右去公司，先开个会，没有紧急的工作就去仓库帮忙。我熨衣服，海锋打包快递盒，弟弟奥利刷毛领，一刻不停歇地做到早上 6 点，再等早班的同事接班。

我们马不停蹄地工作，跟同行和时间不断赛跑，没想到，迎接我们的是新一轮危机。

双十一的规则是我们需要在 20 多天的时间内完成货期。我们虽然提前跟工厂做了预算和规划，但订单远远超出预期，结果造成面料和工人没有全部到位，进度一拖再拖。为了赶货，根本来不及品控，导致衣服品质参差不齐……现在回想起来，简直是噩梦般的经历。

人真的不能抱有侥幸心理，尽管我们没日没夜地忙前忙后，但依旧没能全部按时发货。结果就是，商家不仅要退款，还要赔定价的30%，而订了的面料已经不能退了。

好不容易发出去的货，因为过于赶工，质量跟不上，又引发了大批量退货。

双十一那天，我们的销售额冲破了1000万元，但最后，我们不仅没赚到钱，反而又赔了近300万元。我们不得不再卖一套房来填补亏空。

后来我们回看这次经历，又得到一条深刻的教训——量力而行。

当你没有流量的时候，你要想如何去吸引流量。但流量不是越多越好，做任何事情都需要量力而行，因为新的问题总会出现。如果我的团队现在只能做500万元的单子，那更多的流量涌过来，我没有能力接住，结果就只会惨败。

后来有一次我在微信上读到一篇文章，说如果给她和薇娅一样多的流量，她也能达到一样的卖货战绩。我忍不住在文章底下实名留言，说就算给你一样的流量，如果你没有办法承接住，输得反而更惨。

我个人的"不理性"行为，被团队批评了，大家说这样留言，有可能会引发各种误读，会带来负面影响，还会"招黑"，但那真的是肺腑之言，那是我在当年双十一的血泪教训。

当时我们到公司打开页面评论，都是老顾客说我们卖的衣服质量越来越差了，双十一的爆款变成了堆积如山的库存。自从转为线上之后，每次我和海锋好不容易参加一次朋友聚会，被问起生意怎么样时，我们都不断感叹"又亏了""还在亏"，到后来朋友都说："你们怎么还没亏完？"所以有一些人渐渐就不和我们来往了，大概觉得我们这两个商场失意的人，搞不好哪一天就要伸手找他们借钱了。

我心灰意懒。自从搬到广州之后，为了维持生意，我白天做淘女郎当模特，接私活儿，顺便给自家衣服拍照，有时候还要去市场买面料；晚上开始整理店铺，沟通衣服款式，修图，甚至上阵打包发货；回到家里还要陪小孩……每天连轴转，但每年都在亏钱。我急得开始掉头发，掉到后来变成斑秃，也不敢跟爸妈说。

我自认是一个抗挫力强的人，但是这么一年又一年下来，每次刚看到希望，转眼就化为泡影。就像穿越在一条没有光的隧道里，我看不到尽头，内心很迷茫。

我甚至开始怀疑这样的选择是不是正确的，我问自己，网店是不是未来的趋势，答案是"一定是"；我问自己，还能不能继续坚持下去，答案是"我可以"。我在无数个夜晚和自己对话，每一次的答案都是要继续坚持下去。

所以，我决定给自己半年时间，再拼一次。这是一场与时间的角力，焦虑与不安在不断堆积，万幸的是，我真的钻进了这个行业，虽然一直在跌倒，但每天都在打怪升级、在总结经验、在不断成长。我看到了电商的大机会，只不过属于我们店铺爆发的机会还没有降临，一定还有我没做到位的地方，我要沉住气，跟新挑战死磕到底。

忽姐：人生是用来改变的

订单呼啸而来并不一定是好事，
这也许意味着有更大的考验在等着你。

我搬过 18 次家

我开线下店的时候观察到：有一些店铺，第一年卖爆了一款产品，第二年还会继续卖，到第三年，可能销售有所下滑，依旧能勉力支撑，但如果一直依赖单个爆款，到第四年这生意就彻底黄了。

回看我们从线下转到线上的决定，虽然当时看起来很决绝，但是目睹当年人来人往的步行街，曾经火爆的连锁店不断在黯然退场，品牌也已经换过好几拨，我们也感触良多。这就像新旧两种思维模式的缠斗，旧思维模式永远摆脱不了江河日下的命运。

我们本来就处在一个急剧变化的时代，与其被动地接受改变，不如积极地拥抱变化，把每一次变化当作时代给我们的新机遇。

从最开始创业到现在，经历了许多事，有些朋友，以前关系很好，现在却断了联系；以前关系亲密的合作伙伴，突然间跟你的想法不在一个频道上，他觉得你天马行空，模式完全看不懂了。但这恰恰说明你在进步，而有的人没有那么快，暂时还没有跟上你的节奏。

其实人生就是一个不断改变的过程,有时候我们从一个坑爬出来,还没回过神来就跌进另一个坑。每个人的人生中总会遇到那么一段时间,你抬头看天总觉得天是灰色的,仿佛要压得你喘不过气,但当天渐渐晴朗之后,你会发现每一抹灰色都像是乌云的金边一样,是非常重要的色彩,也是人生中不可缺少的部分。

我们在每一次的跌倒中积累了经验和智慧,也在每一次解决问题的过程中提升了自己。这些经历会在我们人生漫长的岁月中,成为前行的力量。

我有一天算了一下,我总共搬过 18 次家。每次搬家都是拖家带口,现在回想起来脑海里都还有那个画面。其实每一次搬家,每到一个新的环境,起初的不适应都是正常的,但正因为我搬了那么多次家,做过那么多抉择,使我现在反而很容易调整状态,轻装上阵。我的心态也从最开始的忐忑不安,到现在越发从容。

生活和做生意都一样,需要不断冲破自己的舒适圈。就像忽然变天也好,狂风暴雨也好,只有步履不停,你才有机会到达想去的远方。

6号链接 / 转战线上

朝着前方步履不停，
终有一天能抵达想去的远方。

7 号链接

直 播

从做主播的第一天起，我对自己的定位就非常清晰，

我是帮大家找好物、推荐好物的主播。

让每一个进入直播间的人，都能感受到直播间的活力与温度。

把最简单的事情持续做好，在热爱的赛道上不断投注心力。

我一直在打破界限，不断开拓品类。

哪怕每一次尝试都伴随着质疑，哪怕不确定能否成功，

但相比失败，我更害怕不敢尝试。

泛娱乐的机会

踩过一个又一个坑，我们开始沉下心来打磨产品，不追求瞬间的爆发，而是想慢慢积累，把根基打好。我们的定位更加清晰，想用更多元的品类来升级自己，我们从一家店裂变成了两家店，一家主推休闲风，另一家则做淑女风。同时，我们整合了工厂和供应链，我们用高薪挖来专门做线下店铺的供应链人才，开始加强我们的品控，把质检流程标准化。

通过前几年的沉淀，我们有了一定数量的老顾客。到了2016年开年之后，我们的网店生意终于步入正轨。虽然赔的钱还没有完全赚回来，但长久的心理压力终于有所缓解。

我想着从来没有带女儿去度过假，决定全家人一起去惠州散散心。

在路上，我接到一通电话，对方说他是淘宝的小二，想邀请我入驻淘宝直播。我当时以为是诈骗电话，听完就挂了。幸亏小二通过淘女郎旺旺又找到了我。

那段时间，泛娱乐直播已经火起来了，泛娱乐直播平台数据涨得特别快，当时的直播形式主要还是唱歌、跳舞和游戏。虽然还不清楚淘宝直播的具体形式，但我想泛娱乐直播主要是靠打赏，淘宝直播肯定跟卖货有关。以淘宝的体量，未来淘宝直播可能会是现象级的，而我们正好有两家服装店，去尝试一下，说不定可以给店铺引引流。

就这样，我同意了小二的邀请。对方说如果你愿意直播，就要每天至少坚持两个小时，如果有一天断掉，直播权限就会被取消。

我被拉进了一个淘宝直播群里，群里面有很多淘女郎。当时我怎么也想不到，直播会成为我未来至关重要的事业。

从 0 到 1：第一场直播

那是我人生中第一次度假，有时候我怀疑自己就是劳碌命，在度假间隙竟然开了第一场直播。

淘宝直播现在是个五六岁的孩子，但在那时，它还是个不会走、不会跑的宝宝。当时的直播界面还不能直接购买产品，只能挂链接放购物车，消费者去购物车里下单，整个体系都比较初级。

我也没做什么特别的准备，就在酒店房间的角落里，架了一部手机，开始了人生中第一场直播。当时正好在海边度假，我心情也比较放松，就跟直播间的人打打招呼，告诉大家我今天要去哪里玩儿，这里的天气怎么样，我一会儿出门准备穿哪一条裙子……有点像对着朋友打视频电话。

我记得第一场直播有 5000 人观看，结束后我的粉丝数从 0 涨到了 2000 多，让我非常惊喜。

为了直播，我迅速结束了旅行，赶回了广州。第二天直播前我很慌、很紧张，觉得自己还没有准备好。开播后我发现前一天那些粉丝又来了，第三天她们还接着来……我开始觉得这件事情很有意思，她们让我想到之前在线下处成朋友的那些老顾客。

我开始在直播间推荐店里的衣服，后来就直接把直播间当成我们服装店的线上实体店。我在里面不断试穿，讲面料的差异，聊衣服的搭配……店铺销量噌噌噌地往上涨，直播的力量排山倒海地向我袭来。

薇娅：人生是用来改变的

每一场直播都好似一次考试，
需要投入、专注与严谨。

从争排位到新品研发

2016年8月,淘宝官方举办了一场排位赛,他们选了淘金币投票中的前十名主播,给每人一小时的资源位,PK谁的成交笔数最多。

接到通知后,我们就开始精心策划:我们研究排位赛的规则,觉得既然排名是看成交笔数,那就选择价格偏低的产品,且以秒杀价让利出售,让成交笔数最大化。比赛只有一小时,衣服换来换去太浪费时间,于是我决定从头到脚搭配一身整体造型,我身上穿的T恤、裤子,戴的项链、手环,用的手机壳……通通可以通过直播间买到同款。

一小时的时间,我们的直播间成交了2万单。

活动结束之后,当时的淘宝直播负责人古默找了过来,他几乎是带着质问的语气问我:"你们做了什么吗?"

我不明所以:"怎么了?"

"你们为什么能卖出这么多?"

当时我有些蒙。第一个反应是，负责人都来找我了，那说明我们出货量真的很大。第二个反应是，数据好到让他怀疑我们做假了。

我们拉出后台数据给他核查，后来他告诉我们，我们是那场排位赛的第一名。再后来淘宝举办类似的比赛，我每次都积极参加，次次都是销冠。

又经历过几次排位赛后，我和团队讨论是不是应该把工作重心迁移到直播和研发新品上去。

之前，我会花很多精力把产品照拍得好看，反复去尝试投放，吸人眼球，我们的尝试也确实取得了一些成果。但图片始终没有视频生动。直播间的互动性，让我可以做我自己，就像之前开线下店那样，跟大家聊每一款衣服，给大家展示这些衣服的上身效果和搭配方式，聊衣服的一些巧思和特别的设计……

不断有顾客跟我们反馈，看到我在直播间里试穿搭配，觉得所见即所得，激发了蓬勃的购买欲。

另外，如果要维持直播的频率，就必须有源源不断的新品。不然直播间每天都播一样的衣服，无法满足观众的期待。

讨论过后，我决定管控好自己的精力，把过去分给拍照的时间全部收回来，放在研发新品和直播上。

当时我们并不确定直播是不是未来，就决定两条腿走路，让过去的团队继续运营天猫店，我和海锋开始尝试在我们的淘宝店用直播的方式卖衣服。

我们淘宝店的详情页，精美的模特展示图变成衣服平展的照片，没有文字描述，只标明这款在直播间对应哪个链接，顾客都通过直播间去了解我们淘宝店卖的衣服和配饰。我负责做直播，海锋管后台运营，就这么慢慢地往前行进。

最开始，我们每天一场直播仅能卖出2000元，到后来海锋一天要对接10万元的货单量，天天打字打到手抽筋。我有一种强烈的感觉：属于我们的机会终于来了，我们开始调动团队的力量，一起深耕直播运营。

淘宝第一次零食节

有一次，我来不及吃饭就急急忙忙开始了直播，然后在直播间吃了一个小蛋糕充饥。

粉丝开始纷纷留言："薇娅，这个蛋糕是什么牌子的？看你吃得好香。""能不能上个链接？""能不能帮我们弄个团购啊？"

我灵机一动，对啊，为什么不可以？那时候，主播分为两类，一类只卖自己店里的产品，另一类只卖别人的产品。我觉得可以打破这种界限，让大家在薇娅直播间看到各式各样的品类。于是，我和团队开始了探索之路。

我们找到小蛋糕商家，请他们给一个低于市场价的价格，上我们的直播间试试合作效果。

当时我们跟商家说，我们的直播间有很多粉丝想要你们的小蛋糕，要不要尝试一下去我们直播间卖小蛋糕？对方一听，也很感兴趣。"但是，"我们紧接着提出我们的要求，"要给我们你从来没有卖过的低价。"

对方有点犹豫。我们帮他算账，因为在直播间可以薄利多销，即使给出新低价，商家依旧有利可图。而且，我们直播间对于商家来说是一群新用户的聚集地，如果大家为了尝鲜购买了这款蛋糕，喜欢吃，就会产生复购。如果对自己的产品有信心，就应该相信，这次的曝光会带来一批新用户，他们以后也许就会变成忠实用户。

商家终于被说动，给出了从未给过的低价，结果我们都没想到，当天居然卖出1000单。

这个消息在电商圈炸开了。上一场直播，只是三五分钟，就能卖1000单，很多人都觉得直播也许是未来新的风口。

但粉丝对我们卖小蛋糕的行为褒贬不一：有人觉得我不好好卖衣服开始接广告了；还有一些人吃过后赞誉有加，希望再多上些……

我从直播的那一天起，就把自己定位为为粉丝服务的、推荐产品的主播。既然我自己喜欢、自己在吃的东西，能给大家争取到更便宜的价格，谋求到福利，我为什么不去做呢？

第一次卖小蛋糕的效果超出我们的预期，直播间后台也开始收到源源不断的粉丝需求。

但其实我们自以为的"挺好"，放在整个淘宝生态链里面来说，微不足道。一直对卖零食充满热情的奥利去找大品牌合作，还是没有人理，我们开始复盘，发现直播这件事可能还不被大众所接受，我们目前能做的，就是通过身边的电商朋友去辐射圈层。

于是我们发朋友圈，询问有没有做零食的朋友，来一起做一下这个类目。后来通过朋友介绍，我们认识了大山和阿明，现在他们两位是我们公司非常重要的高管。

我们和大山、阿明合作后，通过他们的推荐认识了更多零食商家，零食类目也成为薇娅直播间的固定类目。

2017年，我们做了淘宝第一场零食节直播。

做零食节的初衷其实还是来源于粉丝，我们的后台每天都能收到买零食的诉求，于是我们想到，不如把所有零食放在一起卖，就在这一天，让大家一次性买个够！我希望把这次专场弄成一个节日，于是零食节应运而生。

说干就干！我们找零食商家沟通，这场活动粉丝期待值很高，希望他们能给我最低价，于是那晚的零食节满是9.9元、12.8元价位的零食，粉丝们纷纷表示：买得非常过瘾，下次零食节什么时候来？

于是，现在你可以在薇娅直播间看到每月一次的零食节。我也很庆幸，零食节的创意能让粉丝们感受到快乐。

淘宝第一次美丽节

每月一次的零食节做了几次后,奥利找到我,说我们的食品类目的产品已经越来越多了,是不是可以考虑引进美妆品牌?

我们当时都看到了实实在在的需求。当我在直播间卖衣服的时候,就一直有粉丝会问:"薇娅,你这个口红是什么色号呀?""薇娅,你的眼线笔用的什么牌子?"……

那时淘宝直播的美妆品牌都是普通品牌,对于普通品牌我很谨慎,觉得我在直播间售卖的东西一定是我自己会买、会用的好物。而且,我们的招商团队一个美妆品牌的人都不认识。

那时候,直播还处于早期阶段,许多大品牌不愿意冒"自降身段"的险来与我们合作。"为大家谋福利"的心让我们很着急——我不希望粉丝想要的东西我们直播间没有,我不愿意看到大家失望。

怎么办呢?我们调整了自己的心态,也改进了做事情的方法。

在心态上,我们没有因为迟迟无法开展的合作而放弃美妆品类,而是寻找可以突破的法则,改变我们原来的做事方法。

在做事的方法上,一方面,我们先找到一些新兴的国内美妆品牌，以及一些比较年轻的韩国品牌合作。他们在最初阶段，更愿意尝试这种全新的展示和销售形式。另一方面，奥利开始参加各种美妆品牌聚集的活动，抱着学习的心态去结交新朋友。

有一年双十一，我们知道了一个大牌面膜在寻找合适的直播间合作，觉得这是一个绝佳机会。我们带着满满的诚意去和品牌方谈，大家一起合作一场看看效果。结果那一场卖了几千盒。当时团队非常兴奋。这个品牌"一战成名"之后，美妆品牌们看到数据，都开始自然地转变观念，关注起电商直播，我们终于陆续收到品牌方递来合作的橄榄枝。

2018年，我们和《我是大美人》栏目组合作了几次美丽节，再后来，薇娅美丽节每个月都会和粉丝见面。

每一个新造的节，都是扩展新品类的前期试验。我们通过这样的形式，去了解直播间粉丝的真实需求，他们的反馈能帮助我们在业务上优化决策。同时，商家也能通过活动效果直观地感受到直播给他们带来的新流量。

回看美妆品类的开拓，它是最难的吗？不一定。因为每一次开拓，难的地方不一样。美妆品类的难度在于攻克品牌方，顾客心智已经有了，不需要培育市场。只要与优秀品牌合作，就赢了一半。而开拓日常生活用品的时候，用户群体最开始是不理解、不习惯直播间的主播卖米卖油，大家只喜欢主播们卖一些美美的服饰等产品，我们的难点在于让用户理解和接受。

直播间就像是战场,
我们在满是产品的房间里日复一日地战斗。

淘宝第一次生活节

美妆类目做成之后，奥利又来找到我，征求我的意见："你想不想试试卖米？"

我很诧异："卖米，谁会来看呢？"

奥利对我说了一句让我至今印象深刻的话："日常生活用品一定是覆盖最广的采买类目，进直播间的人除了买衣服，买零食，柴米油盐酱醋茶也是高频次的刚需。"

我们直播卖米的合作方是东北的知名集团，既可靠又负责任。逻辑没问题，产品没问题，我们决定试一试。

于是就有了第一次卖米的尝试。

那一次直播，大部分的反馈都是对我的嘲笑和讽刺。

"怎么会有主播在卖米？"

"天哪，有主播在卖米，笑死我了，赶紧走。"

下了直播后，我有点难受。其实我也能理解，大家平时都是看到主播卖精美的产品，一时半会儿接受不了我这种画风。我沮丧地对海锋说："我以后再也不想卖米了。"

海锋宽慰我,既然压力这么大,不卖就不卖吧。

没想到,过了一周后,我发现开始有人留言,说上次的大米很好吃,链接什么时候能再上一下……虽然只是小部分人,但满足了别人的需求,也让我重拾信心。奥利说得没错,而且好的产品,假以时日,大家自然会感受到实惠。

我们决定做第一场生活节。开始的很长一段时间,我们在一个朦胧的方向中探索。"生活品类"太宽泛、太大了,先做什么,再做什么,什么适合做,什么不适合做……没有现成的答案,商家也兴趣寥寥。

因为是淘宝第一个做生活品类的直播团队,所以,没有现成的案例可以借鉴,都要靠自己摸索。我们发现最好用的"万能公式"就是多站在用户的角度思考,思考他们需要什么样的产品,什么样的展现形式是最直观的。

有了方法,接下来就可以找合作伙伴了。我们找到一个大型集团旗下卖柴米油盐的品牌,对方负责人对生活节这个想法很感兴趣。

团队去考察了对方的饭店,了解了基本情况和食材渠道,觉得产品品质过关,可以达到我们的标准。我们在想,既然有这样一个机会,要不干脆把它做透?把这一场直播做成该品牌的专场,也可以把集团其他的产品整合过来,都在我们直播间卖。

于是,那场直播有了黄花鱼、帝王蟹、酱油、东北稻花香大米、盐……当时我们就在对方的饭店里直播。我们在准备的时候还在不断发散思维:看到工作人员用抹布擦洗展示台面,我们就在想,为什么不卖抹布呢?每一家都用得到,如果是去污力强的抹布,这样展示出来效果也会立竿见影。

碗、碟……我们把能想到的、能找到的好货,通通都放进了直播间里。

当时我们卖的价格非常优惠,帝王蟹的价格还不到传统渠道价格的一半。即使这样划算,我们的直播观看人数依然仅有平时的五分之一,虽然转化不错,卖得还算可以,但总体来说,可以算得上"惨淡收场"。

下播后,我立马和团队开始讨论,还做不做下一次。

我们讨论后发现,觉得产品没有问题,电商直播的形式也不会是问题,只不过通过电商直播卖生活品类这件事对消费者来说太新了,而很多人面对全新或者陌生的方式都是下意识地拒绝或者观望的。我们需要做的就是坚持下去，让消费者渐渐适应和习惯，如果我们每次生活节的产品是真的好的话，一旦消费者决定试试，他们一定会产生"真香"体验。

这个过程也许是漫长的，但是值得做。我顶着压力继续坚持做了几场，忽然某一个月，柳暗花明，生活节的销量竟然破纪录了。

目前，生活节是我们所有活动里面在线人数最多、购买人数最多的一个节。我们的生活用品已经从柴米油盐酱醋茶拓展到了大小家电、家具……我们开始卖电器、卖床、卖电影票、卖书，在我的印象中，我们开创了很多个第一次。虽然一开始我们心里也没底，但一次次的尝试与突破让我们充分意识到，直播间不必局限于低价品，卖单价高的大件产品同样行得通。

严　选

从 2016 年底，我们在原来电商团队的基础上开始招募更多专业的人，从食品类目到生活类目、美妆类目……我们的类目分得非常细，由专人对接不同的类目，精细化管理才能形成我们的护城河，扩大竞争优势，整体提升我们的行业标准。

同时，我们还设置了一套规范的选品流程，来确保直播间卖的东西真正做到物美价廉。

上直播间的每一件产品都要经历几重考验。

第一重考验：初审流程。我们搭建了一个系统，所有的商家会在系统里统一填报他们想推上直播间的产品信息。

信息分为几个维度，比如，我们会看店铺评分，所有的天猫店或者 C 店[1]都有动态评分，有关于描述的、关于服务的、关于物流的，我们要求三项都要达到 4.8 分以上，这只是第一步。

第二重考验：核价阶段。初审过后，团队会通过后台的查价软件，追踪每件入选产品近半年或近一年搞活动时的价格，保证薇娅直播间所有产品必须低于或至少等同于历史最低价。

第三重考验：选品会。经过核价阶段，团队每周还会挑一个时间开选品会。拿到产品之后，我们会把它放在同类型产品里进行行业标准对比。比如针对一款精油，我们会把日本、韩国、国内的同类产品都收集过来，进行多维度资质竞比。竞比过后，还会根据每件产品的产品特性，给团队成员试吃、试用。我们现在也引入了第三方质检机构，进行更专业的产品筛选。整个团队的最终目标就是为粉丝推荐更好的产品。

这三轮下来，产品淘汰率逾95%，每周从3000多款产品中，甄选出200多款进入我们后台的选品库。我和团队再一起进行最终的审核。

---

1 C店：一般指淘宝C店，即个人店铺。

找到怦然心动的产品

每一个类目产品的品质、价格……经过了我们的专业团队层层审核之后,会推给我做最后的决定。我需要做的,就是去看这些产品有没有让我心动,我愿不愿意把它们推荐给我在乎的人。

如果一个产品各方面反馈都很好,但我从直觉上觉得不合格,我可以动用一票否决权,拒绝它上直播间。

这其实是件比较主观的事,但我经常行使一票否决权。因为我内心不喜欢的产品,就没有办法说服自己推荐给大家。有时候想行使这个权利,我的团队不会顺着我,他们会讲事实、列数据,大家通过讨论,或者争论,再一起做出最终决定。

虽然决定权在我手里,但我能感受到,我的每一个团队对自己做的准备都非常自信,当他们觉得产品品质过硬时,会不惧怕挑战我,从容说服我。

我需要的正是这样互相砥砺、在碰撞中敢于坚持己见的团队,这样开诚布公的工作伙伴。

有一次，团队选出了海南的特产椰子片。我本人不喜欢吃椰子片，当时本能地不想在直播间推荐。团队解释道，直播间的粉丝反馈过，想让我们帮忙找一款椰子片。一开始我内心是拒绝的，但是后来调查结果出来，椰子片的呼声果然很高，我最终被说服了。

记忆中我曾一票否决了一款洗面奶。那款洗面奶很有名气，品牌调性也很好，前期筛选过程中呈现的种种数据都没问题。但是我自己用过那款洗面奶，体验很一般，不知道别人的体验如何，至少我用的时候肤感不好，所以我认为不应该把它推荐给别人。这款洗面奶被我淘汰掉了，不论它能卖得多好，我都不后悔。

虽然有一票否决权，但我并没有"直通车"的权利。如果我个人想推一款产品，也得按照规定来走审核流程。要是这款产品达不到我们设定的标准，无法通过前期的筛选，我依旧没有任何特权在直播间卖这款产品。

当薇娅直播间被越来越多的人知晓后，有一些跟我失联多年的人突然找到我，寒暄几句之后希望我帮忙推介某款产品。殊不知"认识薇娅"跟"上薇娅直播间"还有很长的路要走，不管是谁推过来的产品，基本的审核流程是不能跳过的。

如果产品品质真的好，一定会通过我们的审核，否则不管是谁晓以私情，我们都不会妥协。这不仅是对粉丝负责，也是对我自己负责，对团队负责。因为一旦这个口子开了，我会违背自己的内心，甚至失去团队以及最重要的粉丝的信任。

成立谦寻

薇娅的直播间出现了各式各样的品类，我们自家服装店的产品占比越来越小。我从开始卖自己店里的东西，变成了卖全品类的主播，那时候，闻风而至的某些机构找到我们，想和我签约。

奥利跟这些机构聊完回来直摇头：这些机构的直播理念和我们的完全不同，我们要是跟他们签约了，不仅不能让直播业务升级，反而会因为理念的不同，造成降级。

商量过后，海锋说，要不然我们干脆自己成立一家公司吧，把薇娅签下来，让直播业务能够更加高效地运作。

后来我们发现，想要开展直播业务最少得签 10 个主播，而我们当时的团队精力根本顾不过来。正不知道怎么推进的时候，海锋通过在杭州举办的直播盛典认识了谦寻的合伙人，他们已经拿到了直播牌照，正要找一个有经验的团队来接手。我们顺理成章地接手了谦寻，拥有了自己的公司。

从那时候开始，奥利先从广州调到了杭州，渐渐地，我来杭州的次数越来越多，待的时间也越来越久。2019 年，我们说服了已经从淘宝直播离职了一年多的古默加入谦寻，成了我的经纪人。随着杭州的活动越来越多，杭州成了我们新的大本营。

7号链接 / 直 播

选品团队审核通过的产品会被邀请入驻谦寻的供应链基地。

8号链接

是直播间，
也是
百货大楼

我知道我不能让所有人满意，

但我在乎的是我们有没有做足准备，

所以我会全力以赴，做到120分，把失误率降到最低。

我希望我的直播间可以像百货大楼一样，

在这里，你能找到所需的一切。

我想让大家感受到购物的快乐，通过物品与千万人产生联结，

传达种种温暖和情谊。

"万无一失"的直播

我是典型的处女座,完美主义者,眼里揉不得沙子。以前我觉得每个人都可以和我一样追求完美,后来渐渐发现事实并非如此,所以我常常容易着急上火。很多人并不理解,有些报道说薇娅会骂员工,但其实他们什么也没拍到。我想说的是,在我们这样的工作强度下,如果不够快,不谨慎,不严格的话,会出现各种问题,各方面的损失会难以想象。

比如表格上产品的信息填错了,填的是119元,我在直播间肯定也会告诉大家这件产品119元,结果拍下去的时候价格却是129元,这就要给粉丝不停地解释。之后我们还要去补贴,比补贴更严重的是信誉损害无法弥补。

再比如,如果一个产品细节没有讲到位,那么就很有可能让非常需要这件产品的粉丝错失满足需求的机会。所以,我们现在对写产品信息的要求非常精细,我会反复强调,不允许出现纰漏。

而让所有人满意是不可能的，我也会经常跟我的团队讲，众人的评判标准是不一样的，如果你给自己打60分，那别人可能只给你30分；如果你做到了120分，有可能别人仅给你八九十分。我始终觉得只有把事情做到120%的完美，才能把失误率减到最小。起码我对自己的要求是一定要全力以赴。

有一次我在微博里看到有人给我反馈说，下单了某样东西，结果收到后很难吃！我即刻把截图发到了工作群，对相关工作人员说："你有看评价吗？这个产品好几个人说不好。"

工作人员在群里解释道："姐，我觉得这是正常的，这款产品我们卖出5万份，一共只有几个人说不喜欢，这个比例已经非常小了。"

其实他讲的我都能理解，但我当时依旧非常不开心，因为我在乎的一直都是我们有没有做到更好，有没有更全面地满足粉丝的需求。我说我不是不能接受任何差评，而是希望大家能严格要求自己，即使是对小部分人提出的差评，也要保持敏感度，站在他们的角度去想一想，会不会哪个问题是我们没关注到的，会不会哪里还有疏漏。

因为我们的选品真的非常多，大家每天重复同样的工作，也难免会有大意的时候。也许有一些细节没做到位，而每个细节都关乎在薇娅直播间的购物体验。我们能做的，就是每天打起十二分的精神，守护来之不易的信任。

把直播间做成百货大楼

直播间的品类在不断增加,我们的脑洞也越开越大。我们开始尝试卖电影票、卖快餐优惠券,开启了直播间"O2O"模式[1]。

正如之前每一次拓展新品类一样,这些尝试最初都让我们饱受质疑。"你直播间卖的东西怎么越来越杂?""你是不是收人家广告费了?"……

其实有一些品牌是不需要通过直播间来做广告的。我们想尝试的,是以直播的形式形成线上和线下的整体联动。有人说,电商直播这样发展下去,实体店会越来越难存活。但我们认为电商直播和实体店并不是针锋相对、此消彼长的关系。时代在进步,直播也可以让好的线下产品和服务被更多人看见。我们希望大家都能看到直播更多的可能性,从而更全面地去理解这个行业。

我心目中好的直播间,就像一座百货大楼一样,你点进来,吃的、喝的、用的、穿的……什么都有,你可以足不出户买到一切所需的东西。

我相信有很多人跟我一样，可能由于工作强度大；可能由于身处大城市，通勤时间很长……导致出门采办生活所需都成了奢侈的愿望。有时候来回车程加上找齐物品所花费的时间，足够补一觉，或者静心读一本书。逛街虽然是惬意的，但是搜寻一件产品半天无果，也是非常折磨人的。

我希望大家进入薇娅的直播间，就像逛街一样，看看薇娅又上了哪些好东西，如果喜欢就下单，如果不喜欢，就当跟朋友聊聊天……只要薇娅直播间能给大家带来陪伴和温暖，我就已经满足了。

后来我在直播间卖车、卖房，其实严格意义上来说，都只是线上和线下的联动。大家可以在直播间了解这台车的性能，喜欢就可以预订，到了线下如果决定不买，我们的订金会全数退还。

卖房也是如此。我在实地看过房之后，会在直播间简单分析房子的利弊，以及适合人群。大家在直播间抢优惠券，然后去实地感受体验，再自己决定要不要买。

通过这些举措，粉丝是没有任何后顾之忧的。其实我做的，只不过是把一些线下的大件产品通过直播间推荐给了粉丝。这些线下的商家也好、店铺也好,他们最大的痛点是没有流量。我们进行多种尝试,也是想传递这样的讯息:线上直播有助于线下的业态,线上和线下还有很多合作的可能性在等待我们探寻。

1 "O2O"模式:指将线下的商务机会与互联网结合,让互联网成为线下交易的前台。

我是"哆啦薇娅"

淘宝有成千上万的主播,每个人留给别人的记忆点都不一样。我做主播以来,从没有刻意营造自己在大家眼中的形象。

刚开始卖生活品类的时候,我看到有留言说"你的直播间好土啊""天天卖一些土里土气的东西""别的直播间都很漂亮,你看你这主播头发乱七八糟的,吃东西口红都掉没了,妆都花了……怎么能做直播做到如此灰头土脸的?"。也有人说,薇娅是最没有特色的主播,她长得不是最漂亮的;声音不仅不好听,还有点哑;也不会讲笑话,说话特别快……

其实他们说的都没错。真实的我,就是一个声音哑、性子急、说话快的人。我和朋友相处的时候,就是如此松弛,不会在乎吃东西会不会把嘴唇上的口红蹭掉。

这就是如假包换的我,我没办法去刻意塑造一个人设,没办法去隐瞒真实的面目,也许我可以假装一两天,但我每天都需要在直播间面对大家,那只有以自己最真实、舒服的状态跟大家聊天，才能乐享其中，让工作持续下去。否则以我的性格，要去扮演另一个人，我会产生很多负能量，肯定坚持不了多久。

我想，来我直播间的人，她们当中有爱打扮、爱美的人，也有操持着家中柴米油盐的人，很多时候，她们是同一个人。每个人的生活都有 A 面和 B 面，有光鲜亮丽的部分，也有风尘仆仆的部分。接受直播间卖米卖油，对我来说，也是在传达这样的理念——这些看起来不那么高大上的产品，正在为每一个普通家庭提供一日三餐的营养。

我希望每一个平凡的人都能踏实地做自己，都能因自己的真实和勇敢而被爱。

而我也能看得到自己的价值，我是满足于粉丝需求的主播。我的工作就是帮大家选好产品，让粉丝把省下来的钱维持小家庭的温暖。

渐渐地，我有了一群每天准时守在直播间与我相见的粉丝，后来她们也有了一个名字，叫"薇娅的女人"。随着我开始尝试新的品类，薇娅的女人们也变成了我的智囊团，她们经常留言，让我去帮她们寻找各种各样的产品。

直播让我和粉丝能够坦诚相待，每次直播，我和团队都会记下大家的愿望清单，然后调动选品和招商团队，满足各种诉求。而我用到了很好用的、吃到了很好吃的东西，也会找团队去反向招商，因为我想把最好的产品推荐给粉丝。

后来，粉丝们开始叫我"哆啦薇娅"。我觉得很有意思，也符合我的初衷。

我的直播间就像是哆啦A梦的神奇口袋，大家想买却没时间去反复比较的产品，都可以交给我，我们会通过专业的团队和严格的甄选，帮大家一一实现愿望清单。

和商家一起售后，
为粉丝负责到底

在前期的选品环节，我们会保持120分的严谨，只有这样，才能保证产品的高品质。但不管是什么产品，多大的品牌，订单量大一定会有售后问题。

如果有人第一次来我直播间，买了产品，收到之后发现有瑕疵，他很自然地就会认为薇娅直播间的东西不行。

毕竟每个人的认知不一样，比如一件棉质的衣服，到底是哪种棉，手感如何，买家拿到手里可能会产生不同的评价；比如我在直播间里说这个东西很甜，但每个人对甜度的认知也不一样；再比如，水果的批次不一样，评价也会褒贬不一，运输季节也有讲究，夏天运输和冬天运输的结果截然不同……还有各种不确定因素，包括商家或工人发错货的情况一定存在。我无法保证每一单都不会发错，也不敢保证次品率为0。

关于"度"的把控一直都很难，我们只能在前端操作时如履薄冰，在后端尽力做好售后。

其实刚做直播时，我们也曾忽视过售后这一环。有一次，因为开始时没跟商家对接清楚，我们高估了对方出货的能力，订单过多，导致商家无法按时交货。我当时非常难受，每天都在发愁怎么办。

海锋当时说："这或许不是一件坏事。有时候发现问题并不可怕，可怕的是发现问题却不解决。我们现在可以和团队一起商讨，如何同商家对接清楚库存、售后等问题，避免以后同类问题的发生。"我转念一想也对，越早发现漏洞，反而可以越早给后期操作制定好规则。

而现在我会要求商家和我们一起做售后。在我的直播间有很多品牌，我们会有更多环节的沟通，包括售后服务如何更完善，如何把控商家的产品品质，如何安排质检、确认库存，如何审核标准化，有没有薇娅的女人专属优惠……我们组建了一个将近200人的客服团队，每天高效处理各种售后问题。一旦出现投诉，如果商家没有给粉丝及时回复和处理，我们会作为中间桥梁进行协调管控。我希望每一个在薇娅直播间消费的粉丝，都能购物无忧。所以我们会尽全力解决售后问题，真正为粉丝负责到底。

"哆啦薇娅"的使命就是为大家选择好产品。

9号链接

公　益

曾经我以为，公益就是捐款捐物。

真正开始做公益直播后我才明白，

与其扶起一个摔倒的人，不如教他如何自己站起来。

公益直播不是单纯地帮助农户卖货，

而是在这个过程中帮助他们了解电商、规范产品。

一个人对公益的认知，决定了他跟这件事的交互方式。

将公益的每一个环节标准化，让农户获得持久的商业能力，

这才是致富的关键。

公益背后的逻辑

阿里曾经组织了一次线下助农直播卖货活动，我觉得这件事很有意义，于是马上报名参加了。

第一次参与线下公益助农，没想到却受到很多人的质疑。

为了那场直播，我特意从广州坐飞机到浙江，那天下着雨，很冷，我穿着雨衣，踩在泥巴地里，去山上采杨梅，然后给大家直播，让大家通过镜头看看农民的居所。

没想到直播间铺天盖地都是对这场直播的不满：

"环境看着还好啊，还没我老家穷呢！"

"这是在卖惨吧！"

"做公益你就自己捐啊，干吗要卖货啊？"……我看到满屏的冷嘲热讽，既委屈又失落，不知道我做这些是在图什么。

为了实现助农的初衷，我在直播里买了200箱杨梅，作为抽奖奖品送了出去。

下播之后我还是很委屈，我委屈的点在于，公益直播难道不是好事吗？每到季节，大家可能也会买点杨梅吃吃看，买这些需要帮助的农户的，不仅可以帮助到他们，自己还能吃到最新鲜的水果，何乐而不为呢？我也不收钱，大家一起做公益不好吗？

那阵子我真的被骂到体无完肤，甚至一度不能听到"公益"二字，也完全不想参与公益直播了。海锋当时劝我说，助农确实是在做好事，但为什么会出现这样的问题呢？我们之前没做好是因为经验不足，问题暴露出来，可以早发现早解决。于是我们坐下来复盘：这件事为何费力不讨好？

复盘后发现，主要的原因是，我们直播间杨梅的定价远远高于市场价。我们在前期沟通的时候认为，既然是助农，就不要去讲价。但是公益直播既要考虑公益，也要考虑顾客，如果你上的是一款性价比不高的产品，出现负面的评论，其实是正常的。

我们不能道德绑架粉丝。即使是做公益，我们也要从产品本身下功夫，既要帮助农民销售产品，又要为粉丝提供性价比高的好物。

后来我们又进行了一次公益直播的尝试，当时是阿里巴巴的丰收节，我们请来了几位县长，每人带来一些特产，当天我们直播间上了红薯、山药、红枣、猕猴桃……过了几天，负面评价再次汹涌而至："这个猕猴桃一点都不甜""这红薯也太小个儿了""红提子都坏了"……都是各种货不对板的问题。

此外还有"薇娅直播间的东西特别不好""买过踩雷""再也不相信你""打着公益的幌子骗钱"等声音，我告诉自己要冷静面对，这是阶段性难题，因为知道我的人越来越多了，我承担的责任就越来越大。

于是，我们再次坐下来复盘，试图找到失败的原因。

复盘后发现，农户们没有严格的品控能力，地里天然长出的农作物的大小、甜度都无法标准化。所以当商品发给买家时，品质往往难以达到直播间的样品标准。这就是传统的线下思维模式。

看着各种差评，我们意识到，原来公益直播不仅要提供便宜的价格，还要把产品做规范，包括要给农户做培训，告诉他们电商是什么，产品要做到什么程度才能送到消费者手里，售后要怎么完善……

授人以渔
是一种商业文明

我们第三次尝试公益直播，选择了安徽砀山的梨膏。砀山县朱副县长（时任）上过我们第二次的公益直播，我找到他，跟他商量，我想再做一次公益直播活动，帮他们卖梨膏，但是我们前期要一起去打磨这个产品，产品达到要求后，我帮他们免费卖。

县长很相信我，也很配合。这个产品我们一起打磨了三四个月，包括品质、包装、定价、售前、售后。全部搞定之后，我怀着忐忑的心情，开始了直播。

没想到一上链接，2万份货很快就被抢光了。还有很多人留言"我要！""我要！"，非常踊跃。

经过之前的培训，朱副县长不紧不慢地解释，这次确实没有了，现在的人手只够发2万份。我要保证给到你们的产品的品质，等有货了再给你们上链接。

这次尝试让我和团队更加坚信：公益直播的选品我们要花更多心力，绝不能降低门槛。既然是我们选择自发助农，就要用过往的经验帮他们打磨产品，用自己的平台提振他们的销量，来看直播的粉丝没有义务加入我们直播的公益行动中来。我们要让观众购买的，是那种即使没有"助农"的标签，他们也愿意买的好产品。

于是，我们开创了"以买代捐"的形式，一方面帮助农户升级产品，另一方面满足粉丝的购物需求。

助农真的会上瘾。因为经过前前后后的沟通，看到产品走向标准化，包装、物流不断完善，陪伴项目一起成长，会有一种"授人以鱼不如授人以渔"的成就感。当年第一次上直播只能发2万份的砀山梨膏，后来又在直播间"返场"了好几次，现在已经可以做到72小时发10万单，成了同类单品的头部品牌。

通过直播间，砀山的农人能够更直观地感受到消费者的需求，正如朱副县长所说，"公益直播帮助我们把优质的农产品销出去了，同时顾客选择优秀农产品的过程，也是倒逼我们产业升级的过程，这几年砀山的水果产业，甚至整个农业产业都发生了很明显的变化"。

富平柿饼是另一个令我印象深刻的助农项目。

富平县隶属于陕西省渭南市，那里的柿饼很出名。我们坐了

9号链接 / 公 益

一个多小时车,来到富平的一个村子考察。当地的村户守在村头等我们,下车之后,热情的人群瞬时把我们围住了。

人群中有一位姐姐,我感觉她应该是这个项目的主要负责人,她一看到我,就握紧了我的手,什么都没有说,已经开始哭了。

我的眼睛立马也红了。

那一瞬间的记忆定格成照片,经常在我脑海里涌动。她明明想笑,眼泪却先涌了出来。那是困顿中煎熬太久的眼泪,也是心弦绷到极限后短暂的松弛。人如果经历了长时间的失望,会对突然到来的希望产生一种无所适从之感。

来到富平之前,我们已经开会讨论过,按照选品原则,夏天在直播间卖柿饼几乎是不可能的。

带着这样的担心,我们来到实地,看到那位姐姐的一瞬间,就决定要跟柿饼死磕,通过随行专家的经验来帮一帮村里的人。

为什么冬天的柿饼到夏天还没卖出去呢?我们一问才知道,村里一共100多户,大部分人本来是要出去打工的,后来村民发现卖柿饼收益不错,就陆续回来了。大家辛辛苦苦做出的柿饼,没想到赶上了疫情,人出不去,货也出不去,家里一时没了收入来源。

原来之前每年都有人到当地收柿饼,现在所有柿饼全被压在了手里。

那位姐姐和村支书带头,大家合伙攒钱建了一个冷库,想要打破柿饼只能冬天制作的限制,但他们没有想到,夏天来了,就算他们有了冷库,柿饼仍然无人问津。

村上的农户往年就靠卖柿饼挣钱,柿饼的收入没了,加上建冷库把积蓄也耗了不少,大家的日子过得都很艰难。

村民们知道了我们愿意在直播间卖柿饼,村支书特别兴奋地跑过来对我们说:"如果你们不帮忙,就真的揭不开锅了,我替村子里的乡亲们感谢你们!"

后来我和村支书闲聊的时候还提到了这个姐姐。她私下和村支书说,确实不该见到我就哭,但她压力太大了,牵头做这件事,本想给村里找条出路,最后不但没赚钱,还可能连累所有人赔钱。她真是走投无路了。

我们在冷库里发现他们还做了一个创新产品,富平县的隔壁县宜君县产核桃,两个县的特色农产品相结合,制作出了柿饼夹核桃,取名"夹核万柿兴"。他们渴望通过这种方式带动两个县的农产品销路。

我们尝后,很愿意在直播间推荐,但炎热的天气,不可控的物流很有可能影响产品品质。所以我们针对售后环节进行了更多的沟通，要确保使用冷链发货，同时，我们也在直播间反复强调，请大家收到货后一定要冷冻保存。这是最好的存储方式，且能够保证最佳口感。

当天直播间上链接后，柿饼夹核桃瞬间就卖光了。

小时候我很愿意参加学校、班级组织的爱心捐款。当我的粉丝数一点点积累起来的时候，我也可以尽绵薄之力，去回馈粉丝和农民，同时，推进希望小学的援建。

现在我之所以热心公益，并非觉得自己有多了不起，而是通过人与人之间的互相帮扶，在爱意涌动的联结中创造了新的意义。就像那位姐姐和村支书，他们都在为村民们能够过上更好的生活而努力，是想带着更多人谋出路，这种充满人性化的相互关照如同春风化雨。

电商直播这样以买代捐的方式非常适合我，我为何不把它常态化操作呢？从第一次做公益直播到现在，我们从不参与提成，也不收取任何费用，很多时候差旅费也是我们自己承担。每次准备做公益，整个团队都很兴奋，一个个跟打了鸡血一样去对接、去当地跟商户一起梳理产品线……能用我们最擅长的方式切实地帮到一些人，为社会创造一点价值，团队的每一个人都甘之如饴。

去年我还见到了袁隆平先生，他很郑重地邀请我推广他的海水稻。从荒滩走出来的海水稻，病虫害污染轻，因此产出的大米也会更优质。袁老先生还颁给我一个"'中华拓荒人'——海水稻推广大使"的证书，第二天我在直播间上架海水稻，一分钟卖了86万斤，可以说那是我做直播以来最自豪的一刻。

现在，有越来越多的人和机构正加入直播助农的行动中来。阿里巴巴的公益团队也会去帮农户梳理如何从产品角度、商业角度、店铺运营角度，把初级农产品标准化，成为广受欢迎的产品。现在央视和许多地方卫视都在支持直播助农。真希望更多人能加入公益阵营中来，这是我经历过最棒的"真香"体验。

9号链接 / 公 益

公益直播要长期坚持。

163

我的公益观

公益对我来说,从来都是一件自然而然的事。

小时候,外婆在我眼里就是一个热心肠的好人。谁家出现困难,她立马放下手中的活计去帮忙 —— 虽然外婆的生活负担也不轻。那时候,我就感知到,好人好事并非当你衣食无忧时才能去做,而是无论自己的力量有多大,都愿意为他人伸出援手。

几年前,我们还在广州苦哈哈地摸索电商门道的时候,办公区经常有流浪猫出没,我们买来猫粮放在门口,流浪猫们仿佛是知道了这里有充足的食物,于是一只"通知"一只,相互召唤,公司成了它们驻留的小家园,十几只流浪猫和我们共同生活。有时候,它们还会在外面抓老鼠送回公司,同事们经常被吓得尖叫。这些小猫陪伴公司风雨兼程,是我们极为珍贵的伙伴。直到现在它们还在广州的公司里生活,成了公司的"元老"。

开始做直播后,我们发现我们租的小工作室周围也有很多流浪猫，第二天就买了一大包猫粮，装进盆里放在门口，款待它们。这些猫也很有灵性，一到饭点就准时来报到，简直像工友一般。

后来，在一次直播过程中，我们听到了猫的叫唤声。下播后，我们循声找到直播间后的小仓库，发现了一只小奶猫。我们咨询了宠物医生，他说一定不止一只，后来果然找到了另外五只"小伙伴"。

原来，在我们喂食的流浪猫中，有一只怀孕了，它需要找一个安全的地方把小猫生下来。我们那儿有幸通过它的"审核"，成了它选择生下宝宝的福地。

我们义不容辞地开始帮猫妈妈"带娃"，小奶猫需要四小时喂一次，我和奥利就在公司轮流喂这六只毛茸茸的小猫，陪着它们慢慢长大。

我搬过十几次家，有一次很想把常来定点吃饭的流浪猫一起带走，但它好几次都挣脱着跑开了。我们只好留下最后一盆猫粮，抱憾离开了。让我欣喜和感动的是，多年后我回到当时的住处，发现那个盆还在原地，盆里还放着食物——新的人家默契地接棒，继续喂养着那只流浪猫。现在我已经习惯在包里放一小袋猫粮和几根火腿肠，希望能随时多帮助一些流浪动物。

在严冬,
也许一个纸盒就能挽救一个生命。

这就是我心目中的公益，它是细水长流的一种善行，是一种看到需要帮忙就愿意搭把手的习惯。

团队发展得越来越好，事业越做越大，我发现肩负的社会责任也变得越来越大。

2020年春节前夕，新冠疫情暴发。我们紧急筹备口罩、消毒水和即食食品，整个公关部和商务部的小伙伴们，一通一通地拨打电话联系定点医院和物流公司。我们不能参与前线抗疫，但我们希望至少能帮到一些奋战在一线的医护工作人员，让他们有温热的食物可以吃，有消毒用品可以保护自己。

4月8日武汉解封，两天后奥利一行四人就来到武汉，为当月"为鄂下单"专场直播做前期的商家对接工作，市民都在往外出，我们的团队却在往里进。

听奥利说，去武汉的路上大家还挺开心，想着武汉的热干面、辣鸭脖，但当手机地图显示"您已进入武汉"的那一瞬间，所有人都沉默了，静静地看着窗外这个复苏中的伟大城市……

4月，我们做了三场湖北专场的直播，终于能用绵薄之力去帮助湖北的商家，我激动地在直播间介绍湖北的小龙虾、热干面、香菇、春茶……团队在早期选品过程中，已经感受到了"湖北制造"的魅力。当我们看到直播间刷屏的"没有了""还能再加吗"的留言时，心情比任何时候都要感动——两个月前笼罩在大家头上的乌云，好像终于散开了。

公益是做不完的，虽然现在我们已经尽力，但团队的力量依旧有限。相信每一道涓流终将汇聚成海洋，我跟团队始终怀抱做公益的初心。这份初心，我最早从外婆身上看到，后来从各行各业的人身上看到。带着这份初心，希望我们能让身边的人更幸福一点，让世界变得更美好一点。

9号链接 / 公　益

公益是细水长流的善行。

10 号链接

所有人的生活

我希望在我直播间买东西的每个人,拆开快递时,

感受到的都是满满的喜悦,而不是失望。

当你打开美妆护肤品,

我希望你能看到它将带给你的内在的改变,让你更爱自己。

当你打开生活用品,

我希望你享受好物的馈赠,为舒适的体验感到兴奋。

当你打开美食,

我希望美味温暖你的味蕾,让你感受到真切的幸福。

好的物品经过层层挑选,传递的是一份爱,

让你愿意对自己的人生温柔以待。

30天素颜照，
只为看得见的变化

我从来不会认为女人必须化妆，因为有的人喜欢素面朝天，有的人喜欢精致妆容，有的人喜欢淡妆怡人，有的人喜欢烈焰红唇……

同一个女人，美也不止一面，女人可以在家时像邻家少女，在工作时气场强大。

总之，每个人都有选择的自由，每个人的习惯都值得被尊重。

但无论选择什么样的外在，能拥有稳定的肌肤状态，是所有女人都想要的礼物。我对护肤一直非常关注，多年来一直在探索和学习。

这得益于我妈一直非常注重皮肤的保养。小时候，我经常看着她对着瓶瓶罐罐涂抹。我很好奇，就问她这些都是干什么的，妈妈挨个告诉我，这个是化妆水，洗完脸之后涂的；这个是乳液，涂完化妆水再涂这个……在她的影响下，我从16岁起就开始注意皮肤保养，算是很早就踏进了护肤领域。

刚刚从安徽去北京的时候，我的皮肤就发出了求救信号：北京比起安徽气候要干燥许多，我从前的那套护肤品完全不管用。尤其当时我还需要配合店里服装的调性，每天都要化很浓的妆，导致皮肤状态非常差。

此后我开始钻研更多的护肤知识，空闲时间经常和同事讨论产品和化妆技巧。为了找寻适合自己肤质的化妆品，我用过各式各样的彩妆和护肤品，平价的、高价的都有，遇到过惊喜的产品，也踩过很多坑。我觉得真的不能迷信价格、迷信品牌，安全有效、适合自己才是王道。

比如有些品牌，可能它的某一两款产品是真的很好用，但是其他的产品效果就没有那么明显；比如有些产品，和其他产品搭配起来用往往会产生 1+1 大于 2 的效果。

在我做主播前，工作之外的一大乐趣就是去淘一些性价比高的产品，然后把这些宝藏"安利"给身边的朋友。如果对方被我种草，用过之后赞不绝口，我就会特别开心。

现在，这一私下的爱好成了我的工作。我们有了专业的美妆选品团队，有了试用小组。我们也经常在一起讨论产品成分、护肤的干货。遇到非常喜欢的产品时，我也会主动分享给团队成员，让他们主动招商、审核。

有空的时候，我经常在网上搜一些护肤攻略，有一次我刷到一款精华，主打抗皱淡斑的功效，推荐的博主大呼好用，被种草了之后，我也买了一瓶，开始了我的测验之旅。

每天用完这款精华后，我都会用手机原相机拍一张素颜照，不知不觉，等我拍到第三十张素颜照的时候，我翻出了第一张作对比，效果果然显著。于是我找到美妆选品团队，请他们审核推进合作。这一款精华，现在也成了我直播间的爆品。

还有一次，我的造型师为了发型效果，给我使用了发际线粉，用后的效果可以说为我打开了新世界的大门。发际线粉也成为我出镜做造型必不可少的单品，于是我找团队去反向招商，审核过后，这款我非常喜欢的单品就上了直播间，也让更多直播间的粉丝拥有了发型好帮手。

成分是我选择产品的首要标准，但有时候哪怕成分表都过关，产品真正试用的时候，还是会发生体验不好、过敏等情况。我其实特别心疼美妆组的负责人艳艳，她是非常典型的敏感肌，某一个月试用产品时过敏了三次。她说自己平时买护肤品就很容易踩雷,现在的工作算是"帮顾客排雷"了。

所以,我的另一个选品标准就是真实的使用感。

团队曾经审核过一款面膜,它在同类产品中已经做到了顶级,无论是消费者反馈,还是市场热度和销量,都是行业内的佼佼者。选品团队经过层层审核和试用后,认为达到了他们的标准,就交到了我手上进行终审。

团队小伙伴给我讲解了成分、使用感受和产品调性,我觉得很符合直播间的要求。再加上经常在网上看见这款产品的宣传,于是我对它饱含期待,感觉又能为粉丝找到一款高性价比的产品了。

但我试用过几片之后,却大失所望。

我承认这是个及格的产品,可无论是面膜纸的舒适度,还是精华量和使用感都没有达到我的预期。于是我用一票否决权淘汰了这款产品。

但团队小伙伴非常执着,他们认为这是一款性价比超高的产品,也准备了更详细的资料,找了更多人去试用,列出数据翔实的表格试图说服我。大家就面膜纸、产品成分、使用感进行了激烈的讨论,我成功被小伙伴们说服,再次试用了一盒。但很遗憾,它依旧没有达到我的标准,我没法把自己不够喜欢的产品推荐给粉丝。

所以，这款命运多舛的面膜，在经历反复审核后，依旧被我淘汰了。

我对化妆的观点是，女人可以选择不化妆，但是可以学一下化妆。

我自己会倾向于化妆，这让我看起来比较有精气神。我平常都是自己化妆，也会把自己的化妆心得在直播间分享给薇娅的女人，甚至我还邀请过知名化妆师来教大家化妆，我觉得大家有需求，如果我能提供帮助，就一定会去做。

因为我本人是爱化妆的，所以，每次新彩妆产品试用的时候，我都有一种开盲盒的感觉。有时候我在直播间会不自觉地说今天的口红不行，今天的睫毛好好看等，那多半是我在试用产品。有一次我接受一个采访，聊着聊着我就忍不住问记者，我今天的眼睛是不是很像孙悟空，今天的眼线笔晕妆太厉害了。

所有产品甄选出来后，我首先考虑的是粉丝需不需要，适不适合，会不会令他们"心动"。我相信，团队的执着、用心，以及我的不妥协，让薇娅直播间的产品有了被爱包裹的温度。

好的生活不需要太贵

生活品质是每个家庭都在乎的,可是生活用品太多了,从厨房用品,到3C产品,再到寝具……每个类别所需要衡量的维度、适合的呈现方式都不一样。

薇娅直播间的生活用品,主要关注两个方向,而且,这两个方向的产品,要能满足大部分人的需求,性价比也要高。

第一个方向是爆品,爆品体现的是已有需求,我们的工作是及时通过粉丝反馈去了解需求,然后定向寻找、筛选能够与之匹配的产品。通过我们同商家的沟通和努力,让更多的人用优惠的价格买到这些必需品。

第二个方向是趋势新品,趋势新品体现的是潜在需求。

这需要薇娅团队保持敏感度,先人一步发现好东西,及时分享给大家。

我们愿意花力气研究,因为人对生活是有好奇心的,每个人也不是僵化和一成不变的。

举个例子来说,有的人爱用香水,有的人不爱用,但是如果我们卖了一款洗护用品,它类似于香水的味道,价格也很优惠,有的人也许就愿意试一试。这就有可能给一个曾经以为自己不爱香味的人，打开了一个新的世界，而味道，是能给人带来安心和愉快的。

还有的人生活高速运转，时间压力很大，那他要的生活用品，最好能像一个值得信赖的好朋友、生活中的好帮手，这就需要很好的品质，给他带来安心和高效。

在越来越强调体验感的今天，提升用户的幸福指数也成了硬指标，循着这个思路，我们会寻找一些有调性的产品，同时，尽量做到好而不贵。

生活用品的性价比听起来很难量化，产品价格从几元到成千上万元不等，一味地纵向比较参考价值并不大，我们学会了花工夫在横纵向综合对比上：在同一价位里，它是不是质量、功效最好的？跟它上一档或者下一档价位的产品相比，品质差距是否比价差大？我会反复跟整个团队强调，我们要选性价比高的优质产品，价格和质量并重。

我在选品时，常常会和团队进行讨论。

有一次选品时，一口高压锅进入我的视线。这款高压锅颜值很高，品牌力也强，如果功能性卓越，价格也有竞争力的话，上直播间应该没有大问题。我试吃着这款锅做出来的食物，听着选品团队讲产品卖点，"这款锅是智能款，材质独特，而且它做饭的时间可以缩短……""价格呢？""有点贵，1299元。"很遗憾，它最终没有入选。

1299元的价位是一个问题，我希望在这个价位的标准中，产品各方面的表现不只是有一些亮点，而要令人竖起大拇指。回归到本质，还是要性价比超群。

除了选品，在直播的时候，生活品类的产品展示也要有自己的特点。

很多大件产品的功效都是在使用中才体现得最清楚。好的产品"自己会说话"，主播要少说、巧说，我们要用图片、视频等不同的形式去多方位展示它。比如我们之前卖过一款擦窗机器人，我想再多的描述都比不上在粉丝面前直接演示强：我用马克笔在窗上涂涂写写，让擦窗机器人走一遍，现场效果惊人，玻璃上的痕迹一扫而光。

生活品类的直播也是意外状况最多的。比如有一天晚上我推介一款冰棍的模具，8点直播，工作人员6点才把模具放入冰箱冷冻，等到我要展示的时候，模具拿出来，里面的水还没结成冰。

还有一次令我记忆犹新的"翻车事件"是，有一年双十一，我们直播卖电陶炉。这款电陶炉适配的是耐高温的锅，但当时因为双十一直播间人很多，大家有些手忙脚乱，一个小伙伴随便拿了一个普通的玻璃碗放了上去演示，结果刚煮了一会儿那个碗就炸了。

万幸的是没有人受伤，我也在直播间告诉粉丝，使用这款产品时，一定不要用普通的玻璃碗。吃一堑长一智，在那之后，我们更加注意安全问题，要求团队全面熟知产品的性能。

还记得刚开始做生活类目的时候，不仅不被人理解，商家也怀疑直播渠道的推广效果，当时我们选品的类型很窄，但我们相信它有巨大的消费需求，所以坚持了下来。到现在，生活品类越拓越宽，成了直播间最大的一个类目。

我也希望，通过我们的推荐，能为粉丝们带去更好的产品，也希望这些好的产品能让你我更热爱生活！

做一个美食捕手

我曾经梦想游遍大江南北,吃遍各地美食。我也希望大家在薇娅直播间,可以足不出户,吃遍中国的美食,不管是云南的鲜花饼、哈尔滨的红肠还是武汉的热干面,你想吃什么,都可以满足。

第一次零食节过后,越来越多的商家和我们合作,我也有了更多尝鲜的好机会。

记得我们直播间上过一款锅巴,那时候我跟商家闲聊,说起我小时候在安徽吃锅巴都是泡着吃的,我们会蘸酸辣粉、花甲粉一起吃,那种味道让人欲罢不能。后来他们真的出了一款可以泡着吃的锅巴,我满心期待地等到锅巴的试吃,但一拿到手里,就感觉不对劲——锅巴整个浸在酸辣粉的辣汤里,已经泡软了。

做这份锅巴的同事不是安徽人,不知道正确的做法。我就跟他们讲解锅巴不可以直接泡在汤里,正确的方法是要先把粉泡好,锅巴放到一旁,在汤里蘸一下就可以吃了,这样既能保留锅巴的脆度，同时还兼具酸辣粉的鲜香。

我们所有的食品上直播前，都会经过我亲自参与的试吃环节，这是选品的最后一环，在这个环节我们经常能发现一些吃法、做法上的漏洞，会及时进行调整。

很久以前的一次选品会上，我无意中拿起的一瓶酸奶吸引了我的注意。它的味道让我很惊喜，口感软绵，味道香醇。了解品牌资料后，我也非常认可他们对于奶牛的喂养方式。我迫不及待想把这份"宝藏"分享给粉丝，于是亲自参与了"砍价"。

当时我经过前台，看到同事正在跟商家"砍价"。我就跟对方商议，能否在现有价格的基础上再便宜1.9元。算是送给我们粉丝的专享福利，能不能帮我们争取一下。

对方打电话跟老板商议后，问我们能卖多少单。

我反问别的主播能卖多少单。

对方答差不多3000单。

我笃定地说，那我至少能卖5000单。

对方说跟老板再沟通一下。

差不多过了十几分钟，对方答应了我们的条件。

没想到这款酸奶一上直播间就卖爆了，出了 1.9 万单。当时商家也在公司蹲点，在离直播间有一段距离的地方等着，同事看到订单量噌噌噌往上涨，忍不住跑到直播间门口对商家大喊："老板能不能加库存？我们这里再加 1 万件！"

"没了，没了，真的没货了。"商家激动得手都在抖，"怎么可能……怎么能卖出这么多！"

自那以后，这个品牌在我们直播间就一直维持着初上直播间的价格，热情高涨地与我们开启了长期合作。我们合作的销售额，从第一场的 100 多万元，激增到后来的 1000 多万元，这个品牌也渐渐打开了市场，被越来越多的顾客所喜爱。

食品组选品团队大多是供应链出身，还配有专业的成分师，他们具备食品产业链的知识和经验。在专业领域，我会给到团队百分之百的信任，在定下食品类目负责人是静静之后，我就叮嘱她："静静，这一块你全权负责，出了问题我要找你。"

我要求食品组在准备产品介绍的时候，一定要非常详细地写出适用人群。比如这款产品老人能不能吃？孕妇能不能吃？小孩能不能吃？它的食用方法是怎样的？

如果我们要上一款牛奶，就要提前了解是不是适合乳糖不耐受的人群；如果我们要上一款茶，就要知道它属于什么品种，胃寒的人适不适合喝。

我个人非常爱吃辣，有时候遇到一款辣得惊艳的零食，我在直播间里推荐的时候，会重点提醒大家：这款是真的很辣，不能吃辣的人不建议购买。

每次我选品，感觉都很像在给一个重要的人选礼物，他可能是一位长辈，一个老友。提前了解他们的身体情况和口味，真正出手时，才能达到润物细无声的效果。

比如中秋节要回家探望一位血糖偏高的伯伯，我在一堆月饼中会倾向于选择更低糖健康的。选品虽然细化到每天的运营，是很辛苦的一件事，但我们也是在做"给某位伯伯挑月饼，给某个小朋友挑牛奶"的"赠人玫瑰"的事啊。

开选品会的时候，尤其是当我们试吃到令人惊艳的好物时……就会暂时忘了日复一日的疲累和后续排山倒海的工作，有种替他人提前赏味的幸福感。

做一个为他人味蕾带来温暖的美食捕手，还有比这更棒的工作吗？

在选品环节，120分的严谨是必不可少的。

11 号链接

团 队

我们是一支年轻的团队,不在乎经验与资历,

更相信坚韧和成长的力量。

只要你热爱这个行业,只要你用心钻研,

哪怕你毫无经验,我们也愿意放手给你机会。

我们会把眼光放长远,

但我们也知道,把眼前的事情做好才最重要。

永远别对自己说"我不行",只要想退缩就一定会有借口,

生命需要负重前行,真诚和勇气是通往目的地的通行证。

"团魂"：
找到有共同价值观的伙伴

自从在广州开淘宝店以来，我们团队从当初的三十多人扩张到现在的一千多人。大部分当初的电商团队成员，都不离不弃，和我们一起战斗到今天。

我们是一支年轻的团队，每天带领着一帮年轻人高速运转。有人会问，你们如何管理团队，如何让员工跟公司一起成长？

我和海锋曾经是连小服装厂都管不好的人，也没有一套套的管理方法论。我觉得是我们内心深处坚信的工作原则，构建成每日工作的自然行为，让整个团队拧成了一股绳。

首先，我和海锋每天都很拼，尽全力去完成我们的工作。我们跟大家在一个战壕里战斗。我觉得这无形中会起到激励作用。

我和海锋都属于那种直来直去的性格。我们推崇高效、简洁、务实。长此以往，我们逐渐筛选出许多价值观相同、志同道合的员工。属于薇娅团队的团魂也逐渐形成，变成我们不成文的企业文化。

当我和海锋去广州转战线上的时候,我弟弟奥利还在读大学,他念的专业是电子商务,正好我们开始做电商,他就抱着学习的心态加入了我们,结果就一起走到了现在。

虽然是姐弟关系,但奥利是一个极其专业、勤奋的人。他说这一层关系对他来说更多的是责任,一件事做好了是应该的,但如果做不好,就该接受更严厉的质疑和批评——他一直都是这样一个心态,严于律己,是我和海锋一路走来非常信赖的合伙人。

也许"不是一家人,不进一家门",海锋、奥利和我一进入工作状态,谈论的全是这件事怎么做,如何分工……直到夜深了,才会想起来,提醒对方要好好休息。如果非要说他作为我弟弟有什么"特殊待遇"——当我们遇到棘手的事需要紧急处理时,我通常都会找奥利:"这个活儿只有你能干!相信你能做好。"

奥利是一个在工作交付上非常高标准的人,我们会客观地讨论业务,商讨行业的走向。他对电商趋势有着天然的敏锐度,也是他极力说服我去开了生活品类的直播。当我被嘲笑、被误解的时候,他总劝慰我要坚持,因为他相信生活品类直播一定会成为刚需,事实证明他的眼光非常精准。

我是一个重感情的人,我在与团队相处时偏于感性,而海锋和奥利恰好偏理性。我们三个管理团队时分工有序:既有刚的一面,又有柔的一面。他们曾经对我说:制度管理交给我俩,你负责做你自己就好了,团队也需要一个独具魅力的感召者。

后来,我们三个人的团队逐渐壮大,也吸引了越来越多的人才加入。大家都懂得爱自己、欣赏自己,既关注结果又包容失误,每个人都与众不同,但对于工作的热忱却是相同的。

不设 KPI：
高潜力的人眼里会有光

我的经纪人古默，就是当年我排位赛第一时，质疑我是否造假的淘宝直播负责人。他一路看着我从寂寂无闻的小角色变身为直播比赛冠军，从开创零食节到生活节……是陪我们一路披荆斩棘的好伙伴。我们在跟他无数次打交道的过程中，确认他是一个能力超强又靠谱的人。而且，古默和我们的性格底色是相同的：当时我去做直播的时候，很多人看不懂也不看好直播，我作为小主播，古默作为淘宝直播的负责人，都在摸着石头过河。我们对未知都抱持天然的乐观态度，是这一份乐观和愿意尝试的勇气，让我们坚持到了直播蓬勃发展的今天。

古默后来离开了阿里，去了另一家上市公司工作了一年。海锋求贤若渴，找到他："有没有兴趣一起创业？"跟我们预想的一样——古默是一个喜欢挑战自己的人，他很爽快地答应了下来。一开始，他、海锋和另一个合伙人合作了一个项目，等到项目进入正轨，技术有另一位合伙人负责把关后，海锋看他又有了余力，趁机问:"要不要来帮忙打理薇娅的事情?她每天要对接的事务千头万绪,需要一个靠谱的人帮她把关。"古默再次应承下来,开始帮我打理各种事情,渐渐地就成了我的经纪人。

我的副播琦儿一直陪伴在我身边。我们也很有渊源,在我参加选秀比赛的时候,她就已经是我的粉丝了。而她和奥利又恰巧是初中同学,我们就这样相识了。

琦儿大学毕业后,开始在我的淘宝店实习,刚开始直播时,淘宝不允许出现空镜。很慢热的琦儿就硬着头皮做了我的直播助理,解答粉丝的疑问,一开始她也很紧张,我和她一起慢慢摸索,学习怎样和直播间的粉丝互动,突发状况怎么处理。我也会教她一些专业性的知识,包括服装的面料、尺码、版型等。多年来,我们的默契无人能敌,我所有的工作她都会参与,包括录节目、选品、谈优惠,我们不仅是工作上的亲密伙伴,也是闺密、最亲的家人。

有一年的粉丝节,琦儿跟我说能不能把她父母请过来,我装作不同意的样子,跟她说如果人人都请父母来,我们现场会很不好掌控。其实,我是想给她一个惊喜。我知道她只有过年的时候才能陪父母，所以在那天偷偷把她父母请到了现场，那一次琦儿当场就哭了出来。其实我很心疼她，因为我能为她做的很少，只能尽一点绵薄之力。

食品组负责人静静在 2017 年的时候还是与我们合作的商家。那时候，她没少接到选品总监大山的连环 call。当初合作的那款产品，静静给我们报价是 19.9 元，大山为了砍到 16.9 元，跟她磨了一周，最后双方各退一步，以 17.9 元成交。

第二年，静静从原来的公司离职，旅游了一个月，到杭州找到我们，"你们团队天天找我聊工作，怎么会这么有活力，我觉得很有意思，所以过来学习学习。"

当天我们就进行了面试，一周后她就神奇地加入了我们。

除了曾经打过交道的老友加入，我们也在不断注入新鲜血液。他们有些是因为对直播的好奇或憧憬慕名而来，然后发现看似轻松温暖的直播背后，其实需要超常的精力和智慧。最终有些人留下，有些人离开，我也都能理解，毕竟每个人的路都是自己选择的。我们的团队也在这自由选择之中沉淀下共同的价值观。

我们招人的时候，最看重的不是过去的经验，而是他在跟我们交流时，能否让我们感受到他对直播事业的热情，他是不是愿意把直播当成自己的事业，是不是愿意研究、琢磨怎样能把直播做得更好。我觉得只要有这种相互增益的精神，任何挑战和困境都难不倒他。

据我自己观察，在团队里越做越好的小伙伴都有一个特质：即便他平时沉默寡言，但只要聊到直播这件事，他的眼里就会瞬间有光。我最早看到了海锋、奥利眼中的光，后来看到团队越来越多的人眼中的光。我知道这光源自他们找到了自己擅长且热爱的工作，因为我也是如此。

和我一起工作的小伙伴，都知道我就事论事的性格。遇到问题，我会直截了当地指出来，如果发生了不该出现的错误，我也会当面表达我的愤怒。但是这个事情解决之后，我就能一秒切换模式，跟他们嘻嘻哈哈地开起玩笑、闲聊起八卦。

而每个新员工加入进来，看到老员工一个个都这么拼，他们自己就会做出抉择：要么拼，要么走。在这个大家都在快速迭代的团队里，你稍微偷偷懒，或者摸了几天鱼，一定会不进则退。

我不会给团队设 KPI，因为我每天跟团队并肩作战，我的工作要求大家都很了解,好在他们自我驱动力极强,我只需及时反馈和给出方向性的建议就好。

在我看来,擅长并且热爱,是最理想的工作状态。人的精力是有限的,如果不擅长,每天疲于奔命,很容易陷入倦怠。如果不热爱,就会拖延和抗拒,在煎熬中损耗士气。我希望在薇娅的团队中,每个人都能提升自我,大家好学、不怕挑战、敢于担当,这种昂扬的斗志会感染彼此。

而现实恰是如此,他们对自己的要求,往往比我心中预期的更高,我需要做的,就是不停下脚步,和他们一起奔跑。

谁行谁上：
有能力总会被看见

我们公司在管理方面是非常扁平化的，完全没有论资排辈，老板和员工都在同一个地方工作，你自己闯出来了，体现了价值，被看到，就会得到重用。

根据我之前的工作、创业经验，我觉得最重要的是愿意学、愿意做、愿意尝试，愿意想办法把事做成。经验、资历都不是最重要的。

我曾在我的团队里，看见很多年轻人，他们不把公司当作学校，而是职场。他们很喜欢思考，每一份工作他们都会去探究其背后的意义，并研究出更高效的成事方法。

所以，我非常乐于给这些喜欢思考的年轻人机会。如果你想在直播间展示产品，给粉丝讲解产品性能，我也敢放手让你尝试，团队里的凯子、昊昊就是主动请缨来直播间锻炼的；我所有的综艺对接，是由东东和草莓负责，草莓刚来时只是应届毕业生，现在也可以独当一面对接业务了。

我觉得每个人身上都有闪光点，我作为带领团队往前跑的人，要尽可能多地去挖掘团队里每个人的长处，让他们发挥所长，加速成长。

现在在直播间经常露脸的子毅，之前负责整理产品信息，做了一阵后，我觉得他可能不太适合这个岗位，就让静静带一下看看，结果调岗后，他的试吃选品和直播运营支持工作做得特别棒，直播互动效果也很好。我们私下聚餐时发现他歌唱得特别动人，也不怯场，有一次我在推介一款麦克风时，就怂恿他在直播间里一展歌喉。

我会鼓励团队的小伙伴勇敢地站出来表现自己。如果我发现有人怯生生地躲在角落，就会让他出来直接跟我对接，汇报工作内容，或者讲解产品资料。我希望大家都能更快地收获成长。

除了工作，我也很关心他们的感情生活，之前奥利的助理石头经常和女朋友吵架，吵到快要分手了，他来找我诉苦。其实我很理解那女孩子，毕竟我们的作息跟别人不一样。我思前想后，建议他女朋友也来我们公司工作。结果女孩子来了之后，我发现她的工作能力超强，人也很机灵，她就是我直播间的助理之一——桃子。现在她和男朋友的感情非常好。

团队里的青青、五哥、十七，我对他们的要求都非常严格，因为我迫不及待地想让这些小树苗长成参天大树，只有这样，才对得起大家如此辛苦的付出。

有效沟通：
我们不需要"委婉"

我的团队工作节奏非常快，每天都跟打仗一样，永远保持紧张状态。而直播的特质决定了我们的工作不能有一点疏漏。因为直播不像录播，可以后期调整更改，在直播间失误了就会酿成大错。我们只能在前期做足准备，后期不断复盘，尽量确保每一步都不出错。

而如果让我的团队用一个词来形容我，我猜大部分人会说"龟毛"。

其实每一场直播，都会留有遗憾，比如产品没有展示清楚，特征没有说到位，这些都会让我意识到做得还不够好。虽然我也会自我调节，但我依旧会给自己和团队提更高的要求。

我是一个非常典型的处女座，在工作中本能地会先看到一堆问题。我的团队刚开始会有点受不了，但后来也接纳了我这样的完美主义性格。只要发现问题，我就会直接指出哪里不行，为什么这样做不好，会产生什么负面结果，我们应该如何优化……不会想着怎样去委婉地表达。

　　直播本来就是一个节奏超快、不前进就会被淘汰的行业，时间本就不够用，沟通再不简单直接一点，那我可能会撑不下去。后来我发现，直言不讳反而让一些小伙伴觉得痛快，我从来都是就事论事，不会让团队猜来猜去，陷于无效沟通。

　　每天在直播前，团队都会把准备好的产品表格交给我，给我再次讲解产品性能、卖点、优惠力度、注意事项等。我对这个环节要求非常严格，表格上必须有的信息不能有缺漏，该提出的卖点也要精准到位。有些小伙伴是新人，可能还抓不准产品的卖点，我会教他们如何理顺思路。一般拿到一个产品，我会去代入自己的使用场景，比如，如果是我去买一瓶汽水，我最关心什么？我会在乎这瓶汽水甜不甜，含不含糖，会不会长胖，好不好喝，是什么牌子。归根结底，要站在顾客的角度考虑，他们买东西的时候最在乎什么，那就是最好的卖点。

　　不工作的时候，我们就打成一片，我会特别八卦，去探问他们的感情生活。相处久了，有些同事也渐渐被我"同化"：说话速度快、很直接、工作生活一秒切换……在想法遇到分歧的时候，他们会据理力争，做很多准备来说服我。

其实每次我"被撑"，被说服之后，心里都很高兴，因为我看到了团队的成长。我不喜欢小伙伴不断揣测我的喜好，或者为了表面和气掩盖失误，只要他们能用数据和事实说服我，我就感到非常了不起，这表明他们在某一件事情上比我更懂、做出了更好的判断。

那些扛住了的年轻人

直播是一个新兴行业，完全没有历史参照和行业标准，我们误打误撞成为比较早进入这个行业的团队，在不断地"打怪升级"中，不知不觉成了行业的探索者。所有人都关注着我们的动向。我们受到业内的重视，反而会更加努力，因为想要保持领先的优势，就要不断地颠覆自己，要有更快更强的学习能力。

在谦寻，大家都是小步快跑地沟通、对接工作，每个人都在跟时间赛跑。正因为如此，我们都有一种默契，那就是把自己的部分做到最好，这样我们作为一个团队就能更高效地完成工作，不在本身已经比较辛苦的情况下再增加无谓的消耗。无论是对内的协作，还是面对行业的竞争，我们团队一直在不断学习、自我迭代的过程中。学习是自发的行为，永远不要等到要上战场的时候才发现自己手中没有武器。

我的弟弟奥利，现在是谦寻的 CEO。当他还是一个大学生的时候，就来我这里工作了，当时他能做的就只是最机械的工作，但是就是让他做最机械的工作,他也会带着头脑来分析,怎样才能节约时间,怎样在碎片化的时间里听一些管理学的知识。现在,他在激励团队方面,能够冷静和成熟到超越他的年龄,这是因为他在用到这项能力之前,就已经在做准备了。

现在的我们,工作压力依然很大,有很多客户对时间的要求都非常紧迫,我们只有非常短的时间去筹备。这给团队带来巨大的压力。这时候我能为团队做的,就是给他们信心和鼓励,让他们不要惧怕,抓住机会迎难而上。

有一次,静静接到了一个很好的产品推荐,但是由于产品有时效性,要想快速对接商家,完成选品表格细节是很不容易的。我对表格的要求一向非常严格,产品的规格、卖点、表述方式……绝不能有一点马虎。静静判断出事务的紧急和重要性,觉得时间不够用。她一边在电脑上飞快地打字跟商家对细节,一边焦虑得直掉眼泪……

她事后说,那两天她哭的次数比她失恋的时候还多。我不断鼓励她:"食品组就交给你负责了,我相信你,你一定可以做好。"我是这么说的,也是这么做的,真的放权交给她来操盘。后来,这个产品上直播间的效果非常好,静静的工作完成得异常出色。

  我们团队常年保持着打鸡血的状态。记得有一个月，12日是生活节，14日是服饰节，后面又有零点场，这样大型的节点，生活组负责人煜彤必须每场都盯着。我们全程保持紧绷状态，直到直播结束开复盘会，我才知道她直播结束后就去了医院，因为她的脖子已经连续好几天不舒服了，但是她从来都没有告诉过我。

  静静和煜彤只是我团队中许许多多年轻面孔的缩影。我团队的很多成员都在崩溃边缘徘徊过，因为事情真的太多了，而且很多工作的交接确实适合一个人跟完全流程。我们要跟时间赛跑，去挑战效率的极限。我看着他们，仿佛看着当年在动批起早贪黑的自己。在我个人的经验中，我就是靠不怕辛苦和对自己狠一点来成长的，但我对身边的伙伴会说，你们要找到自己内心最想要的是什么，如果你迫切需要的是成长，就不要惧怕挑战，只有在完成看起来不可能完成的任务时，你才知道自己有多强大。当你成长了，完成了挑战，你会对工作、对自己更有信心，形成一个正向的循环。就像游戏闯关一样，闯过了这一关，就能看见新的风景。我可以很自信地说，我们团队很多人，都已经从一个直播行业新手成长为可以独当一面的干将了。我们从不刻意进行培训，但我们会提供一个好的平台，让他们去尝试、去挑战、去成长。

我发现，现在的年轻人选择一份工作很看重工作的内容是不是有趣，是不是具有挑战性，以及他们能否从工作中获得成就感。一旦满足了这些，他们的自主性是极强的，而且非常有活力、有创造力，能超预期完成工作。

总有一刻要独自上阵

万万没想到,在《向往的生活》做直播的时候,我竟然需要一个人搭起一个直播间。

某天下播之后,我收到静静在工作群发的消息:"姐,《向往的生活》只能你自己一个人进去。"

我一惊,这怎么可能?

虽然最开始做直播的时候也是我一个人,但那时候我只需要举个手机就能播。后来为了直播效果,我们有了专业的直播团队。每场直播,各个角度如何打灯,直播设备如何连接电脑,声卡如何设置,还有核对产品……这些事情一直都是我的团队在做,每次直播都有15到20个同事忙前忙后。这次,我一个人能搞定吗?

这种不安,让我第一次强烈地感受到我对团队的依赖。

跟节目组沟通后,我们决定尊重节目组的安排,团队马上调整方案,大大简化了直播的"家当",不带灯了,只带麦克风、相机、电脑这些必备的设备。在蘑菇屋小伙伴的帮助下，我找到合适的位置架好相机，自己第一次连好声卡，确认画面……简易直播间的搭建居然顺利完成了。

后来团队的小伙伴说，虽然刚接到消息时非常担心直播效果，但真正让我独自出行，看我弄好设备之后，他们特别开心，说有一种"送孩子进考场"的感觉。我跟他们开玩笑："怎么在你们眼里，我就这么离不开你们吗？"话虽如此，我心里却是满满的感动。

这场直播真是多亏了蘑菇屋的小伙伴们，他们从来没尝试做过带货直播的工作人员，现场表现却相当给力。与观众进行互动、递产品、处理画面卡顿……这一次"综艺＋直播＋助农"的经历，对我来说是非常新奇、有趣又温暖的体验。

在直播过程中，虽然团队不在身边，但我知道他们在远处竖着耳朵，一秒不落地听着直播，在第一时间配合上链接。一路走来，我们已经建立了很深的默契，不管直播间搬去哪里，我们都会一起并肩作战。

11号链接 / 团 队

2020年双十一结束，
这也是我和团队共同奋战的第五个双十一。

12 号链接

热 爱

有人问我，直播持续下去的动力是什么？

应该是热爱，作为聚光灯下的主播，

最重要的功课就是用热爱点燃自己。

我就像一根链条，连接着团队、商家、粉丝，

我必须不断向前奔跑，不能让链条卡住。

有人问我，是不是站在了风口上？

我说风口上可以有很多个薇娅，

但真正能长出翅膀的，一定拥有热爱的心和坚持下去的信念。

一切的美好都是通过热爱换来的，

把庸常的事情做到感动自己的程度，总会收获好的结果。

一夜成名
其实都在一千夜以后

这几年，有各种跨界活动开始邀请我参加。大家对我的介绍多种多样，但当我每次介绍自己的时候，我都会说，我是薇娅，主播薇娅。

刚开始，有些人会对主播这个职业以及直播这个行业有各种误解和偏见。遇到质疑的时候，我会想，我是谁？我现在在做什么？我将来要做什么？对我而言，主播的使命是为直播间的粉丝选择、展示优质产品，尽可能为粉丝争取优惠。我希望能成为大家身边那个很会买的伙伴，大家遇到想买的东西，都会去找她问一问的朋友。

我觉得这是一份能带给我成就感的工作。我热爱这个行业。

一路走来，我的粉丝越来越多，我也在一点点成长。等到我有了一些影响力的时候，我对待工作的心态，开始发生了转变。

最开始在广州开淘宝店的时候，我想的最多的还是要干出一番事业。后来一直亏钱,欠着前合伙人的钱,我想的最多的是怎么赶紧赚钱,把欠的钱还上。刚开始做主播的时候,我参加各种比赛,想的是要做好准备,要证明自己……到现在,我觉得我每天的工作已经无法用金钱来衡量,直播间的一件产品能赚多少钱不再那么重要。现在我思考最多的是,每天那么多人看我直播,我该怎么去满足他们的需求?我如何能通过自己擅长的工作和平台,帮助更多的农民卖货,做更多的公益?

淘宝直播村播里面,我们可以看到很多农民在直播播种,渔民在直播捕鱼……平时的直播里也可以看到全职宝妈在家里教大家做菜……直播已经覆盖到各类群体,给大家提供了一个展示自我的平台。直播的内容越来越多元化,直播的生态里能包容下各式各样的人。

有人问,那么多的电商主播,为什么薇娅能做成?如果直播是风口,你是怎么长出翅膀的?

其实在我开始做直播时,风口上有太多个薇娅,像我一样的淘女郎无数,太多比我长得好看的人,比我会讲的人,比我条件更好的人,但为什么是我?说实话,我觉得最重要的就是我坚持了下来。一路上，我看到太多主播被骂哭、心态崩掉、没时间陪家人、看不清前路……因为种种原因而放弃。

回看我过去的经历，确实栽了很多跟头，但我会爬起来，匍匐的时候告诉自己咬牙挺住。所以即使我没赶上淘宝直播最早的红利期，即使我今天刚入行，我想我也不会做得太差。因为当我的直播间只有5个人的时候，我就为这5个人服务。只要还有人在看，我就会打起十二分的精神播下去。

我相信坚持的力量。

停不下来的直播

某一个凌晨,直播结束。直播间就像打仗过后的战场,一片狼藉:凉了的螺蛳粉、被瓜分的小蛋糕……当作垃圾桶的纸箱已经被塞满。我和十多个同事挤在一起,大家都有不同的事情需要跟我对接:当天销售复盘、明天直播产品信息确认、行程对接、产品试用安排……现在团队里的每个人说话语速都很快,所有人心中都精准地计算着时间。即便如此,时间依然不够用,我的助理小雨不停地在旁边提醒:"我们12点半要出发,去拍杂志,大家抓紧时间。"

等跟这十多位同事一一确认完工作,负责服装网店的同事赶忙拉来两三排新的样衣,让我选款,选完后已过1点,我们比计划中晚了半小时,小雨一直焦虑地提醒时间,这个紧急关口,一个小姑娘冲过来说还需要录一条ID。

我当时濒临崩溃,对团队高声说了一句:"我已经连续三天只睡两小时了……"我突然意识到气氛不对劲,赶紧把原来想说的话咽了下去,而是直接说:"我的时间有限,你们快速告诉我录制的重点。"

我知道我的同事们也都在跟时间赛跑,每个人都想做好自己的工作,只是所有的流程汇聚在我这里,就变成了十几份工作。我们好像都穿上了故事里的那双红舞鞋,在急促的音乐声中无法停下舞步。

临近2点,我换上一件宽大舒适的T恤,踏着拖鞋,上车前往杂志拍摄场地。

这时候,我才有空当吃几口妈妈做的烧饼和菜,然后翻一会儿手机,这是我下半夜仅有的喘息时刻。

到了拍摄场地后,时间已比预期的晚了,我们满脸歉意地跟杂志社说"不好意思",快步赶去化妆室。化妆的同时,跟过来的服装组同事把刚刚选出来的衣服让两个女孩儿一件件试穿,给我看效果。化好妆后开始拍摄,改造型的时间进行采访,采访完再去拍摄下一组照片,之后再回来,改妆、换衣服、讨论选品,再拍下一组……已经4点半了,当时现场有些工作人员累得睡着了。这时候,我还在继续拍一条咖啡品牌的推广,直到5点半,我们才结束拍摄。

每天回家,我和海锋都会复盘当天的工作,沟通一些待解决的问题以及新的想法。这是我们一起创业开始就有的习惯，不管多晚，复盘成了我们情绪的一个支点，这种沟通有种仪式感，仿佛要把纷乱的工作线索整理清楚，紧绷的神经才肯松懈下来。

如果第二天要完成其他工作，我8点就得起来准备，在高强度的节奏中以最高效率做好这份工作。完成工作后跟夕阳赛跑着赶回直播间，然后在车里再次预习今天要上的产品信息，开始新的轮回。

我平时的工作状态就是如此。

从开始直播到现在，一年365天，我起码有330天都在直播。我爸妈有时候不理解："这么累干吗，为什么不干脆休息两天？"

我的时间已经不能由自己说了算，因为在我的背后，有一支庞大的团队。在这个生态里，还有很多合作伙伴。我是这个链条上关键的一环，如果我没有把事情安排好就去休假了，整个链条就会卡住。

就像是一座桥，桥上每天人来人往，如果突然有一天这座桥无法通行，就会打乱很多人的生活，因为大家习惯在这里通往目的地。

有很多事情，我们都是提前安排好的，可能有媒体早早就约了时间，从外地赶来就为了和我聊一聊，可能有的商家辛苦准备了几个月的样品，就为了能上我的直播间。我的工作每天如此循环往复，我不能任性地说我今天很累，不想直播，不想见客户。首先，工作人员会乱了阵脚，他们也不好去拒绝。其次，来的合作方会很失望，毕竟大老远跑来，还背负着所在公司的期望。所以我只能全力以赴。常人只能看到你光鲜的一面，却不知道你为了维持这种"平常"，背地里已经拼尽全力。

比如，某一天我想下播后早一点回家（我指的早一点也是凌晨4点以后），但之前新直播间的装修方案改好了几版我都不太满意，装修负责人建议最好当面沟通一下，其他时间都安排满了，这事就排到了选品后。对方也很辛苦，一直等到我选品结束，我内心充满歉意，所以哪怕想早点回家，还是要先把这件事情处理完。

计划赶不上变化。无论我们多么精细地提前安排每日行程，还是有突发状况源源不断地挤进时间表里。

记得有一天我下播后，直播间里像往常一样，有十几个小伙伴在等待今晚的复盘和明天待播的产品确认。这些工作完成后，我要赶下楼去进行一个之前约定的采访节目的拍摄，采访结束后，我要带着节目组去拍摄供应链基地，再带他们体验选品。正当我往楼下赶时，有一个商家突然出现在会议室门口，还很齐整地摆好了样品，他也许是从大老远赶来，等着我下播，但我完全不知道有这个安排。我只能带着歉意匆忙跟他聊几句，安抚他回头会再抽时间仔细看产品，因为时间真的来不及了。

即使每天的节奏如此快，我依旧无法把事情全做完。对我来说，被需要是一份荣耀，也是一份沉甸甸的责任。我没有足够的智慧让每天的工作不这么"兵荒马乱"，只能和团队在奔跑中去学习、去成长。

拥抱生活的多样性

记忆中唯一一次度假，还是几年前全家人一起去惠州那次。没想到我中途还草草结束，赶回了广州继续直播。现在回过头看，那次度假就像这几年我生活的缩影，忙忙碌碌，没有喘息。

从小我就看着家里人不停忙碌，耳濡目染之下，我也很怕浪费时间。小时候如果周末我无所事事，心里就很不踏实。长大以后也是如此，如果真让我现在停下来什么都不做，每天云淡风轻地逛逛街、刷刷剧，我可能会更紧张。因为我脑子里装着很多待处理的事，不着手把它们做完，我就无法真正放松。

永远有新的直播、新的其他工作不断涌来，所以，在很长一段时间内，我都会处于这种连轴转的状态。

好在我在到北京的第一份工作中就学会了吃苦耐劳，既然悠长假期遥遥无期，我就利用碎片化的时间让精神松弛下来，给自己迅速充充电。

我会在洗脸的时间看一些脱口秀综艺。睡觉前,我一定会翻翻近期的热搜、短视频,了解现在的流行趋势。我需要伸展触角,尽可能去触达生活的多样性,而不是离开直播间就变成一个落伍的人。我一直喜欢打破界限,对未知的领域保持好奇心,这是我在复杂世界存活的利器。

我会每天想着去学新东西,如果这一天缺乏信息输入的话,就会感觉错过了什么。人生就是要不断追求新的体验,比如说我休息的时候会刷刷护肤知识,看到一个讲护肤品成分的内容,就会想直播时能不能用它丰富我的语料库;我翻公众号时,里面讲到某一个我曾经卖过的产品,我就会很好奇其他人会从什么角度来分析它;有时候我也会找专业品牌的老师来给我上课,讲解产品、讲解成分……对我来说,这些忙里偷闲,是我了解新知的渠道,也是建构我知识地图的好办法。

我之所以这样,第一是想更新自己的知识储备;第二是让我的碎片化时间更有价值。这样的休息方式我乐在其中,心里觉得很踏实。

我觉得放松永远是相对的,最好的处理方式是张弛有度。如果有大把的闲暇时间,可能反而不会去珍惜,在无所事事中越躺越累，但如果只有几分钟"偷来的时间"，去刷刷手机，跟人聊聊天，反而会觉得它们特别珍贵，会想办法用时间滋养自己，充电效果也立竿见影。

谢谢你依赖我

养宠物一直是我从小的愿望，但过去的经历让我对这件事有了敬畏之心，不敢轻易去对一个小小的生命负责。就在我迟迟不敢行动时，恰好有一位朋友问我能不能领养她的狗。

哪怕我与那只小奶狗素未谋面，但想到能救助一个小家伙，我当即应允了下来。

2003 年，我把小狗甜甜接到了我身边，就这样，它整整陪伴了我 15 年。

甜甜刚到家的时候非常调皮，在屋子里"上房揭瓦"，"拆家"行为十分熟练。那时我一回到家，迎接我的常常是支离破碎的狗窝，被揭掉的凉席和不忍直视的沙发。我怒火中烧，但看见甜甜向我飞奔而来，疯狂摇动着尾巴，心就软了下来，它再怎样调皮也气不起来了。

几个月后，甜甜因为护食，从家里人见人爱的吉祥物变成了所有人都嫌弃的小调皮。

因为护食，甜甜咬过我，咬过海锋，在对我妈也不嘴下留情之后，海锋终于生气了。他通过朋友，认识了一位非常有养狗经验的爱狗人士，准备把甜甜交给他调教。

那天我接到了海锋的电话，他试探性地问："你今天心情怎么样？"

"心情挺好的呀，怎么了？"

"甜甜呢？"

"在家呀。"

海锋很惊讶，这才跟我交了底，他之前把甜甜送走了，没想到这家伙又跑回来了。原来是甜甜自己找到了家，在门口一直叫，我妈心一软，就给它开了门。

甜甜靠自己的聪明，俘获了我们的心，大家重新接纳了它。后来我们通过咨询身边有养狗经验的朋友，慢慢帮甜甜改掉了护食的恶习。

那时每天早上甜甜都会跑来叫我起床，当我忙碌一天回到家后，最大的慰藉就是它早早地在家门口等着我，逗我开心，我们之间的感情越来越深。有几次和甜甜在小区散步，我看着那些长寿的狗狗，心里十分羡慕，想着甜甜能陪我再久一点就好了。

没想到甜甜4岁的时候，我差点失去了它。

那天我回到家，一如往常先喊了一声甜甜，结果平日里身手矫捷的它那天却蹒跚而至，我发现它跛着前腿，拖着后腿走路，立马慌了，抱起它直奔宠物医院。

诊断结果让我们伤心不已，甜甜瘫痪了，医生说它是只京巴，腰很长，我们平时抱它的时候，姿势一直是错误的，很容易让它脊柱受伤，引起后肢瘫痪，治疗方法只有针灸。

于是我和海锋开始每周带甜甜去做针灸，结果没等到甜甜康复，却等来了它患狗瘟的诊断。

我本来就很内疚，这份诊断书更是雪上加霜，我悔恨自己对它疏于照顾，觉得甜甜有我这样的主人真是太倒霉了。

医生说它得了狗瘟，只有让它吃下去食物才有希望。

可惜甜甜当时已经无法进食，原本胖乎乎的身子一瘪了下去。我和海锋看着甜甜，眼泪不停地掉，一边陷入深深的自责，一边寻找可以让它吃东西的方法。

我们买了甜甜最爱吃的肉，剁成肉泥，放进针管里慢慢灌给它。令我感动又庆幸的是，甜甜挣扎着把肉咽了下去，从一开始的一点点，到后面食量渐大，它的狗瘟渐渐治好了，后来脊柱也慢慢恢复如常，又变回了之前那个拆家小能手。

陪甜甜治病的那段时日，我的心一直在不安和焦虑之间摆荡。甜甜就像我的家人，它陪我度过了很多快乐的日子，也曾在我难过时静静守候在身旁。

当它生病时，我第一反应是自责，没好好照顾它。第二反应是要尽全力救活它，我相信只要我不离不弃，它也不会放弃自己。

后来，我又捡了一黑一白两只流浪猫回家，我根据它们的毛色，给它们取名为"黑黑"和"泡泡"。和这两只猫相处的过程中，我更深刻地体会到了什么叫欲罢不能。我回家的时候它们会争着跑来蹭我的脚，大剌剌地躺下，敞开肚皮让我摸，让我有种被小家伙宠溺的错觉。但每当我想和它们脸贴脸亲昵一下时，它们却无比嫌弃，会用自己的小肉爪子推开我的脸。让我哭笑不得，仿佛是我求着它们的宠爱。

和这些小动物相处，包括之前喂养的流浪猫，都让我感受到了爱和被需要，与其说是宠物需要我，依赖我，我想更多的是我需要它们的依赖与爱。在这种相互依赖中，我们成了见证彼此生命的珍宝。

让你们有了一个安全的家，
我也终于有了一个有你们的家。

13 号链接

薇娅的女人

我知道直播间每一个 ID 的背后，都有一张独一无二的面孔，

每个人的留言都是对我的信任和需要。

我享受和所有人共度的时光，

我愿意为大家带去更多的满足与快乐，

因为皱着眉头总没有笑起来好看。

我希望薇娅直播间就像一部永远不会完结的电视剧，

我们相互陪伴，度过一个又一个夜晚，

在看似恒常的每一天，让我们一起用心生活。

我更希望
孤独是个"名词"

我知道,直播间每一个 ID 的背后,都有一张独一无二的面孔,信任我、需要我。

来看直播的粉丝,未必是真的要买很多东西。有的粉丝只是想了解一下不同的产品,不同的生活;有的粉丝只是单纯想听我聊一聊天;有的粉丝可能只是把我的声音当作背景音乐,打开后就去忙其他事情了。

每一位粉丝都用信任和时间来陪伴我,而我也在用我的努力和时间来陪伴粉丝们。这是我们彼此之间的默契。

我一直说,希望薇娅直播间就像一部永远不会完结的电视剧。陪伴是薇娅直播间很重要的意义。

也有人说,薇娅直播间陪伴了很多孤独的人。

但在我心中,我更希望孤独是一个名词,而不是一个形容词。

我觉得孤独这种感觉可以存在,却唯独不应该成为定义别人的形容词。因为每一个人,都难免会在某一天,某一刻,感受到一点孤独,这是很正常的,也本应该得到尊重和陪伴。

我到现在还记得,有一次我正在直播,一个粉丝忽然刷屏说"薇娅,我快生了"。她竟然靠看我的直播来缓解她分娩时的疼痛,过一会儿,她又说:"薇娅,我生出来了,8斤的大胖姑娘!"

还有一位西安的粉丝看到我有一次无意中说想吃凉皮,就和她婆婆一起准备,做了一大桶凉皮,带着凉皮坐飞机到上海,然后再到薇娅粉丝节现场,亲手送给我。

甚至有粉丝因为每天看我的直播,跟伴侣找到了不少共同话题,缓和了家庭矛盾,也重新找回了自己。

…………

这份工作带给我的价值感,不是用收入来衡量的。

信任是一种温暖的力量,同时也是一份沉甸甸的责任。

我现在最抵触的事情,就是接到那种"我要上你的直播间,费用多少,你出个价"的信息,或者"给你多少多少抽成,你安排一下"这样的指令。我觉得他们对主播缺乏基本的尊重，也完全不懂这份工作之于我的意义。

他们真的以为我只想赚钱，什么产品都卖，连品质都不审核，就开始谈价格。

一边面对种种商业"黑洞"，一边面对粉丝的信任和期待，我能做的就是保持初心，珍惜这份信任，为薇娅的女人们搜罗值得买的好东西——即使观众什么都不买，我也会准时出现在直播间，就像一部永远不会完结的电视剧，陪伴大家度过一个又一个美妙的夜晚。

13号链接 / 薇娅的女人

薇娅的女人对我来说就是屏幕那端的闺密，
我希望我们能互相陪伴，
度过一个又一个夜晚。

跟顾客像家人一样相处

我的第一场直播是在 2016 年 5 月 16 日，后来，我把粉丝节定在了 5 月 21 日，寓意为"爱你再多一点"。

最开始做直播的时候，看的人不多，但这些亲爱的人会跟我交流。"小姐姐，你这个配饰在哪里买的呀？""你用的口红是什么色号？""你在吃的小蛋糕看起来好好吃哦，可以帮我们上链接吗？"……我在直播间里找到了一种久违的亲切感。

其实关了线下店，开始全面转线上之后，虽然我们的衣服通过网络走出了西安，被全国的顾客看到，但是之前开线下店时那种与顾客面对面交流的愉悦不复存在了，取而代之的是售前顾客在后台对于服装细节的不断询问，以及售后的隔着屏幕的参差评价。几年下来，也会有老顾客拉你闲聊，但是在直播出现之前，我们在运营淘宝店的过程中，一直找不到一个好的方式去跟顾客更多地交流。

我开线下店的时候，最享受的就是当一个女生走进我的店里，我开始绘声绘色一边比画一边向她介绍适合她穿的衣服，跟她讨论怎么搭配，询问她这件衣服要穿去什么场合……然后就自然而然地聊到配饰、保养、妆发等女人如何变美的话题。在直播间，通过跟粉丝热烈互动，我找回了跟大家超越距离的联结感。

刚做直播的时候，淘宝规定必须每天开播不能停，我们服装上新频次肯定赶不上直播进度，正愁每天播重复的衣服大家可能会厌烦，有一天直播间有人说："薇娅，你这个口红的牌子我住的城市买不到呢。"

我一听，就留心记住了粉丝喜欢的口红牌子、色号。同时，我们也希望粉丝们能在直播间有更多的尝试和选择。我们经常在直播间做抽奖，以福利的形式多给大家送一些好物，海锋在送礼物的时候，有时候会和大家开玩笑表示"肉疼"，但我们送起来内心是充满喜悦的，因为我们不仅希望大家能在直播间满足需求，更希望大家能收获惊喜。

也许是天性使然，我们从第一天起，就自然而然地把粉丝在直播间发的需求和反馈记在心里，然后变着法子满足大家的需求。我们时刻关注粉丝的情绪，希望在直播间每天都能看到不一样的产品，在内容展示方面注重场景感受，让粉丝们体会到我们的专业和用心。回过头想想，我的顾客、粉丝们，其实都是我的灵感源泉，她们在直播间提出的建议和要求，给了我们做跨品类、全品类直播的底气。

直播了一年之后，我们想给粉丝一个感恩回馈，就在周年当天弄了一个超市特有的幸运抽奖大转盘，我把自己藏在一件卡通玩偶衣服里，想给大家一个惊喜。那一次我和团队都特别嗨，感觉自己化身成了圣诞老人。

这就是"粉丝节"的原型。

后来，每年5月21日我们都会举办"粉丝节"。然后不断复盘和改进，在下一年再次进行升级。我们从当初简单的抽奖环节，变成邀请有影响力的主持人和明星到场，大家在当天既可以看节目，又可以参与抽奖，还可以买到一些划算的东西。到了下一年，我跟团队提议这次就不卖东西了，哪怕自己补贴，在那一天就纯给粉丝送福利，把秒杀和福利直接放出来让大家抢，做成一个真正的粉丝狂欢节。

做"粉丝节"的初心，完完全全是想回馈粉丝，但我们也难免收到负面反馈。有一些没抢到福利的粉丝也会在直播间抱怨，这不同于质量、物流等与产品相关的差评，但团队依旧尽力安抚，因为我们理解这是对遗憾情绪的正常宣泄。我们也会不断改进，给粉丝带来更好的体验和更多的福利。

粉丝对于我来说，很像闺密、朋友、家里的某个亲戚，彼此都很熟悉，有时候会撒娇说你怎么好久没来看我了。我在选品的时候经常会想，如果给我的家人送礼物，这个产品他们会不会喜欢，我表姐会不会喜欢，我女儿会不会喜欢，我妈会不会喜欢，只有通过了这一关，我才能把它推荐给薇娅的女人，这也是我一直保持的选品标准之一。

我在为粉丝服务的同时，她们也一直在关心着我。

双十一期间，我基本都是连轴转，产品多、时间紧、节奏快，我的嗓子会比微微哑更沙哑些，粉丝们就会给我发私信，嘱咐我要注意休息，照顾好自己。有时候我也难免在直播间有情绪崩溃的时候，粉丝们也会安慰我，让我能重新收拾好自己的心情。

粉丝的这些行为让我感觉大家就是我的闺密，她们会维护我，会关心我，会站在我的角度考虑问题。即使我们有时做得没有那么完美,或者尝试新品类、新形式时有些粉丝不理解,也会直言不讳。最让我感动的是,下次她们会继续来我的直播间,看我接下来到底是不是做得更好了。我觉得这是一份沉甸甸的信任,我最不能辜负的就是这一份信任。

我深深地知道,我和薇娅的女人的关系绝非明星和粉丝。如果我在路上遇到她们,她们不会很惊讶地尖叫:"哇,薇娅!"而是会笑眯眯地问:"哎,你今天难道不直播吗?"

粉丝带给我的温暖无以言表,一直以来,我都很感激她们在我背后做我的支柱,让我不要怕,让我肯定自己,也让我更有信心去好好选品。

同样,我也想继续给薇娅的女人带来更多福利,永远站在她们的角度考虑问题。

我也会保持初心,因为我很珍惜薇娅的女人带给我的一切。

13号链接 / 薇娅的女人

能为大家带来更多的福利,
一直都是我的愿望。

我们要为自己活

从我自身经验来看,女性的个性中一直都有坚韧的一面。在我外婆生活的年代,或者更早的年代,独立女性一直都存在。只是现在这个时代,大家对女性有了更全面的认知,女性的声音也可以被更多人听到。

这意味着更多的可能性和选择。女强人也好,全职宝妈也好,每一种选择都值得尊重。最重要的,是遵从自己的内心,去做自己想做的事,从而拥有独立的人格。

同时,我也非常支持女性追求自己的事业。可能很多女性从小接受的教育,包括受到社会上的一些言论影响,导致自身非常缺乏安全感,结婚生子后,需要顾及的事情更多,难免要担心这个,担心那个。我支持女性追求事业的原因非常简单,我觉得大家要真正为自己而活,当你想拥有一件渴慕的东西,想做成什么事,你就去行动,不用优柔寡断,也不用看任何人的眼色。

追求事业不只是让你的经济独立,更重要的是,你的内心在锤炼中会变得更强大，不用再依附于他人。只要你做的事情是正确的，你觉得你的路是对的，那就勇敢走下去。

每个人都有不同的个性，所以会做出不同的人生选择。家人、朋友看着我一路走来，一直觉得我很累，很辛苦。他们总希望我可以有时间享受生活。但其实以我的性格，让我停下来，我反而更难受。不停去拼、去闯，纵然辛苦，但我乐在其中。

世界上有千千万万种角色，你可以去扮演其中的一种，但只有做回自己，才最快乐。

14 号链接

当女孩儿
变成女人

小时候,外婆、妈妈都不善于表达爱,

我也像一只刺猬一样,倔强地长大。

后来遇到海锋,我依旧不懂得如何成为一个温柔的小女人,

好在他很珍惜我独立坚毅的那一部分。

生下女儿后,我终于知道柔软是怎么一回事。

生命在每个阶段赋予我们不同的角色,

女孩儿不止一种,

女人也不止一种,

而当每个女孩儿变成女人,

她变得柔软的同时,也不失强韧的底色。

母爱是一种牵绊

跟外婆一样,我妈也是一个停不下来的人。她卖过糖、卖过盆、卖过防盗门,后来开始做服装生意。在我的记忆中,我妈尝试过很多事情,一直忙忙碌碌。

小时候我和我妈感情一直不好,我一直感受不到我妈对我的关爱。有时候外婆批评我,我妈还会在一旁说:"批评得对!"

我爸妈20岁左右就结婚生了我,两个人懵懵懂懂被外婆撮合到一块儿,其实并不合适。外婆说我妈生我的前一天还在跳皮筋。她生我的时候心态还像个小孩,也不懂得如何表达自己对我的感情。

我妈跟我继父交往的时候,我是极力反对的,那时候我觉得妈妈有了新的家庭后就更加没人喜欢我了。现在回想起来,觉得自己很不懂事。继父其实对我很好,我初中、高中的晚自习,都是继父给我送饭,按时接我放学,一次都没有落下过。

我去北京之后,我妈就关了老家的生意,也来北京开店,就是不放心我一个女孩子在北京。她说你卖服装我也卖服装,咱们一起努力。直到我结婚生子,妈妈才关了生意,一心一意帮我照顾孩子。

其实我妈也是一个缺乏安全感的人,她喜欢某样东西就会买很多,比如同一款衣服会买7种不同的颜色,买100多个手机壳。她还特别喜欢收集东西,讨厌断舍离。我们家有一个房间专门放她的"收藏":各种各样的脸盆、床单、衣服……可惜她从不打开。

有一次我们搬家,我说这些东西都别带了。因为我不理解有什么值得留恋的,没想到那天妈妈哭了,她说:"你不要扔我东西,我就想留着它们,你扔了我心里不好受。"

那一刻,我开始有点理解妈妈,理解她的不安,也开始理解她对待我的方式。

现在家里永远都有一间妈妈的储物间,放着妈妈舍不得扔的东西。

我和妈妈都是缺乏安全感的人,也都不善于表达对对方的感情。

我们和对方沟通,从来不会说我爱你,我想你,而都是从生活日常里表达自己的关心。

每次我给妈妈订机票，都会直接选商务舱，但如果是她自己买，就会心疼钱，即使自己晕机、晕车严重，也要挑最便宜的票。虽然她很节俭，但是她对待外孙女却特别大方。

有时候妈妈来杭州，她会在晚上做我最喜欢吃的饭菜送到直播间，等我下播后和我聊几句家常再回去。其实每次看到妈妈来，我都很担心陪我熬夜她会不会累，但又难以抑制地开心。

在我看来，母爱是一种牵绊，它不会惊天动地，却像伏线一样让你知道生命的来处，在人生各种境遇中都有人记挂着你，你会感到温暖和安心。

想陪你慢慢长大

我在一个放养式的家庭里长大,从小到大凡事都自己做决定:上学、创业、进入娱乐圈……父母即使心存疑虑,到最后也都会尊重我的想法。

我的女儿妮妮从小就很有主见,我觉得这是好事,我的教育理念也是希望她能更加独立。我和妮妮的相处方式很特别,更多时候会像伙伴,做什么都有商有量。比如小朋友的自控能力比较差,不喜欢写作业。我不会逼她说你不能不写作业,会问她现在是下午3点,你觉得自己几点开始能按时做完?她如果说5点,那我就会跟她约定好,现在她可以做自己想做的事,但是一到5点,她就要按照约定开始写作业。

从妮妮出生到现在,我和海锋一直都很忙。我们的工作重心从广州转移到了杭州之后,见妮妮的机会确实变少了。我和妮妮有点像在异地恋,两个人一有空就会打开视频,有时候聊聊天,有时候就看看对方也不说话,等到妮妮在视频那头睡着了,我再静静地把视频挂掉。

妮妮有时会发一些她想去的地方，一些她天马行空的想法给我；有时候还会"教育"我，给我发一些类似"妈妈不应该对女儿做什么事"的文章。我看了会反问她："那你觉得我有这样对你吗？"她会笑笑说："你没有，不过我发给你是为了预防你变成这样的妈妈啊。"

妮妮7岁的时候捡了一只流浪猫回家，那只猫已经怀孕了，生下小猫之后创口就感染了。我蹲在那儿给母猫做清理，妮妮乖巧地跑到外面去给我搬了凳子，说："妈妈你坐，你不要蹲着，太累了。"这个举动让我很欣慰，她开始看到其他人的辛苦，也学会了表达自己的爱。她也经常会像小大人一样表达对我的关心，嘱咐我多穿衣服，戴好口罩，注意身体。

我不想妮妮那么"懂事"，但她确实是个非常懂事的孩子。

有一次我们从广州回杭州，琦儿跟我说，她发现妮妮转过头不看我们，觉得妮妮是内在情感丰富，但表面波澜不惊，不想让爸妈看到真实想法的孩子。我当时有点半信半疑，在第二个月从广州回杭州的时候，我们离开之前，妮妮突然去了卫生间，我想起了琦儿之前说的话，就跟在妮妮后面，发现她原来真的在卫生间里偷偷地哭。

她曾说过一句话，让我既心酸又欣慰，她说："妈妈，你没有时间陪我，那就换我来陪你。"如果按照陪伴的时长来说，我其实是一个糟糕的妈妈。没有一个妈妈不想陪伴在孩子身边，但我也希望妮妮从小就看到她的父母很勤劳地在工作，在做着他们觉得有价值的事。

我希望妮妮今后拥有什么品质，就得自己先做好表率，潜移默化地去影响孩子。比如我希望她是一个拥有正能量的人，那么我也会要求自己保持积极乐观的心态；我希望她是一个坚强勇敢的人，那么之前最害怕蟑螂的我，遇到虫子就不会表现出害怕；我希望她是一个三观很正的人，那么我平时就会把对道德和价值观的要求，践行在每一天的生活和工作中。

"父母是孩子最好的老师。"我对这句话的理解是，你对你的孩子有什么样的期待和要求，你应该先拿这套标准来要求自己。只有自己日复一日地践行着，孩子看在眼里，才会真的相信。

我希望她能快乐、自由地成长。我也会努力调整生活和工作的平衡，尽我所能地陪伴她一起长大。

致 18 岁的妮妮

我的女儿妮妮：

很惭愧，这是妈妈第一次写信给你。从妈妈重新开始工作后，妈妈分给你的时间真的很少。妈妈忙碌一天回家后，最常见到的是你熟睡的脸。等到你起来、准备去上学的时候，妈妈又刚刚睡下。我们明明在同一个屋檐下，却过着两个时区的生活。

为什么不停一停？有时候，我在你的眼里，会读出这样的疑问。

我也在问我自己。

也许妈妈确实贪心，妈妈想要家庭，也想要事业，这些都是我所热爱的，也是我每天起来奋斗的原动力。

这个时代赋予我们前所未有的机会和可能性，与其把所有希望寄托在孩子身上，我想，不如妈妈先身体力行做给你看：

让你看到一个新时代在职妈妈的忙碌与精彩；

让你看到一个新时代女性对于机会的进取与珍惜；

让你看到每一个选择所对应的付出和代价，从而体现选择本身的意义；

让你感受到妈妈不是超人，妈妈只是一个脚踏实地、仰望星空的追梦人。

妈妈的人生，妈妈做的选择，是基于这个时代越来越多女性自我意识的觉醒：

我是女儿，是妻子，是妈妈，也是一名主播……

我是我自己。

我亲爱的女儿，你的妈妈可能是活在微信视频里的妈妈，是一个月才能抽出一整天陪你的妈妈。但是妈妈希望自己每天的工作生活状况能让你在遇到困难的时候，多一些越挫越勇的毅力；遇到未知的时候，多一些好奇心和敢于挑战的勇气；遇到艰辛的时候，多一份勤能补拙、坚持到底的付出；遇到不同的声音和质疑的时候，能学着闭上眼睛，倾听自己的心声。

妈妈在每一个当下所做出的选择，并不知道会不会是最好的选择，妈妈唯一能守住的，是自己的初心——做了这个选择，我未来才不会后悔。

妈妈这样要求自己，让自己的愿望，在自己身上实现。

而对于你未来的人生选择——以事业为主，还是以家庭为主,还是兼顾两者,想挑战外太空还是开一家咖啡店 —— 妈妈对你,只有完完全全的尊重和千千万万的祝福。

妈妈一直认为,人的一生,没有所谓的"弯路"。那些弯路,其实是你到达终点的必经之路。

人生不存在精密计算的捷径,通往喜悦的道路,永远是发自本心的热爱。

每一条路,都有甜蜜与苦涩。重点是从心选择,学会坚持,拥抱改变。

做母亲的,总会希望自己的孩子能少一些磕磕绊绊,最好一辈子顺顺利利。

但如果妈妈不自知地因为想要保护你而开始左右你的选择了,你一定记得提醒妈妈,因为这是你的人生。

你的人生,本应该由你做主。

最后,女儿,谢谢你包容我这个不完美的妈妈,谢谢你成为妈妈奋斗的重要动力,谢谢你在18年前走进我的生命,圆满我的人生,陪伴我一起成长。不论你此刻在哪里,我的目光都会追随你,陪伴你左右。

14号链接 / 当女孩儿变成女人

高强度的工作下，
和妮妮在一起的每一个空间，
都是我心灵休憩的家。

致 谢

我从 2001 年开始工作，到现在已经近 20 年了。

近 20 年的职业经历中，我做过服装导购、开过服装店、签过唱片公司、开过淘宝店，到现在，我有了大家所熟悉的身份——主播薇娅。在这样一个节点，我通过这本书回顾、梳理我过去的经历，跟过去每一阶段的自己对话。我发现，当我带着后视镜的视角回望过去时，许多当时没有想太多就去做的事情，踩过的坑，付出的努力，都能联结起来，让我成长为今天的我。

谢谢我的丈夫海锋，谢谢你一路走来为我付出百分之百的真心，在任何时候，都站在我的角度，无私地为我考虑。谢谢你接纳我的一切，包括我不那么好的一面。也感谢你一直以来和我一起奋斗。你总是在公开场合说，是薇娅在前面带领着大家奔跑。而我知道，在我都有些懈怠和迷茫的某些时候，是你在带领我奔跑，指引方向。我们习以为常的深夜谈话，我们心照不宣的工作配合……都是我"不知疲惫"的电源。我知道，只要有你在，我就可以做我自己，全力以赴往前奔跑。

谢谢我的团队，我的弟弟奥利，我给了你很多难题，但是你都一一迎刃而解；我的经纪人古默，你总是支持我的创意；我的战友大山和阿明，你们总是让我的想法得以实现；我的伙伴艾米，你对我付出了源源不断的关心；还有我的第一个粉丝琦儿，从我的粉丝到我的搭档，你用自己火箭式的成长告诉我们团队所有的伙伴，在我们的团队，是金子一定有机会发光；谢谢团队的每一个伙伴，你们的支持让薇娅有了光。

写书对我来说是一次新的尝试，我在不同的状态下组织和梳理自己的想法。谢谢李响先生，提醒我可以用书来分享更多自己的故事。谢谢我的文字编辑静怡，在我创作的过程中，你一直在鼓励我。回忆起当初灰暗的日子，对我来说非常不容易。回忆我成长中遇见的每一张脸，此刻的我有一种释然，外婆给了我独特的童年记忆，父母给了我选择的自由，我的丈夫海锋接纳我的急脾气，我的女儿妮妮也在用超越她这个年龄段的理解力来体会和支持着妈妈。

我更要感谢薇娅的女人和薇娅的骑士，没有你们就没有薇娅，为你们服务是我从来没有改变的初衷。我录综艺、参加活动，是

致　谢

希望能够用自己的影响力，带动出更好的直播效果。

人生是用来改变的。这本书断断续续写了很久，我下播往往在第二天凌晨，有时候想到了一些事情，整天都睡不着，忍不住要写出来。希望大家看完这本书，除了认识了主播薇娅之外，还能够通过我个人的一路颠簸，避免走一些我走过的弯路；能通过我们团队跌跌撞撞、乘风破浪的创业经历，感受到中国充满机会的商业氛围。

我从安徽的一个小城里走出来，是因为抓住了时代赋予的机会，是因为聚集了跟我一样相信这个时代的一群人，才一步步做成了我们之前想都不敢想的事。

我过去的经历让我更加相信，人生是用来改变的，不要给自己设限。

与大家共勉。

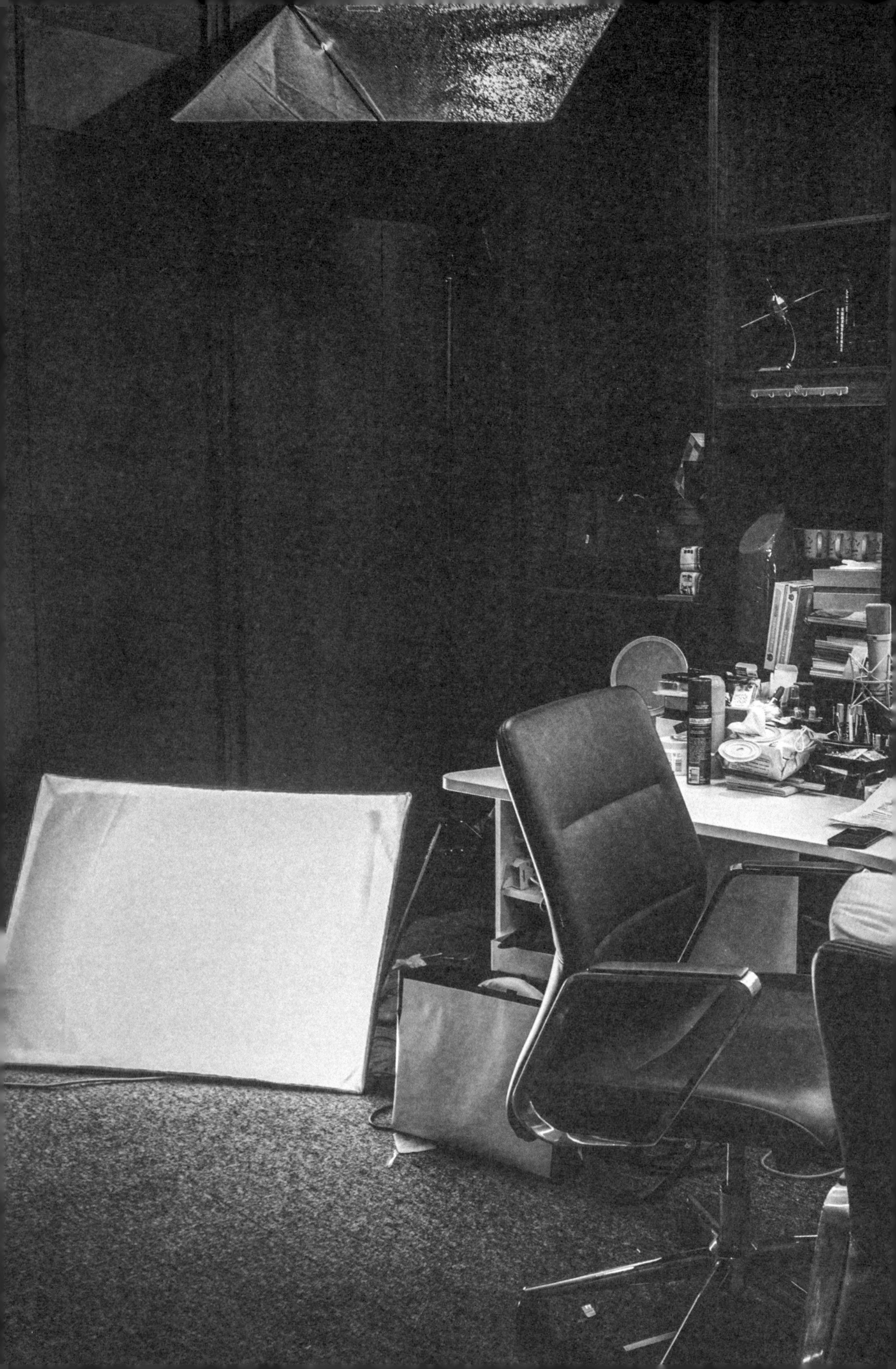

图书在版编目（CIP）数据

薇娅：人生是用来改变的 / 薇娅著 . —北京：北京联合出版公司, 2021.1
　ISBN 978-7-5596-4795-5

Ⅰ . ①薇… Ⅱ . ①薇… Ⅲ . ①薇娅－自传 Ⅳ . ① K828.3

中国版本图书馆 CIP 数据核字 (2020) 第 244069 号

薇娅：人生是用来改变的

作　　者：薇　娅
出 品 人：赵红仕
责任编辑：夏应鹏

北京联合出版公司出版
（北京市西城区德外大街 83 号楼 9 层　100088）
北京盛通印刷股份有限公司印刷　新华书店经销
字数 140 千字　　700 毫米 ×980 毫米　1/16　　17 印张
2021 年 1 月第 1 版　　2021 年 1 月第 1 次印刷
ISBN 978-7-5596-4795-5
定价：59.00 元

版权所有，侵权必究
未经许可，不得以任何方式复制或抄袭本书部分或全部内容
本书若有质量问题，请与本公司图书销售中心联系调换。电话：(010) 82069336